芜湖长江公路二桥技术创新系列丛书

Quality and Accuracy System of Highway Bridge Construction

公路桥梁工程建造精度体系

马祖桥 袁 助 刘志权 阮 欣 等 著

人民交通出版社股份有限公司

北 京

内 容 提 要

本书系统介绍了公路桥梁工程典型分项工程的建造精度与保障技术，包括钢筋加工及安装、预埋件定位安装、高性能混凝土、大体积混凝土温度控制、大跨径斜拉桥建造、节段连续梁建造、小箱梁制造、矮塔斜拉桥线形控制以及信息建造技术。

本书结合工程实例阐述相关知识，对主要桥型的标准化工艺、关键质量指标及质量保障技术进行介绍，可供从事混凝土结构设计与施工工作的工程技术人员参考，也可供土木工程专业的学生和科研人员阅读。

图书在版编目(CIP)数据

公路桥梁工程建造精度体系 / 马祖桥等著. — 北京 : 人民交通出版社股份有限公司, 2025. 3. — ISBN 978-7-114-20177-6

Ⅰ. U448.14

中国国家版本馆 CIP 数据核字第 2025V6R916 号

芜湖长江公路二桥技术创新系列丛书

Gonglu Qiaoliang Gongcheng Jianzao Jingdu Tixi

书　　名：**公路桥梁工程建造精度体系**

著 作 者：马祖桥　袁　助　刘志权　阮　欣　等

责任编辑：曲　乐　张博嘉

责任校对：张　贺　宋佳时

责任印制：张　凯

出版发行：人民交通出版社股份有限公司

地　　址：(100011)北京市朝阳区安定门外外馆斜街 3 号

网　　址：http://www.ccpress.com.cn

销售电话：(010)85285857

总 经 销：人民交通出版社股份有限公司发行部

经　　销：各地新华书店

印　　刷：北京建宏印刷有限公司

开　　本：787×1092　1/16

印　　张：9.25

字　　数：181 千

版　　次：2025 年 3 月　第 1 版

印　　次：2025 年 3 月　第 1 次印刷

书　　号：ISBN 978-7-114-20177-6

定　　价：92.00 元

《公路桥梁工程建造精度体系》

编　委　会

主　　编：马祖桥

副 主 编：袁　助　刘志权　阮　欣

编　　委：胡　可　曹光伦　程磊科　宋　军　金　松

何金武　石雪飞　段海澎　耿京芳　许　垒

吴问兵　常彦虎　胡希斌　黄瑞忠　吴　楠

夏　辉　李旭颖　刁　凯

编著单位：安徽省交通控股集团有限公司

同济大学

序

党中央、国务院历来高度重视创新工作。

安徽省交通建设主管部门和工程建设者们,一直将创新工作摆在推动交通基础设施转型升级的首要位置,在完善激励机制、人才建设等方面制定了一系列政策措施,为创新营造了浓厚的发展氛围。全省各地建设项目积极因势利导开展创新推动,创新工作如雨后春笋蓬勃发展,项目品质明显提升。

芜湖长江公路二桥项目建设伊始就力求将其打造为一个技术示范型工程,以"安全、耐久、简约、美观"为建造理念,以技术创新和工程品质为基础不断实现卓越工程的建造。在项目的建设过程中,建设者们在总结技术进步、管理提升等经验的基础上提出了"安徽精度"的建设理念,它是从安徽交通建设实践中提炼出的更高管理要求,即勇于创新的挑战精神,精益求精的严谨态度,操作行为严于规程、质量指标高于标准的执着追求。

安徽精度是创新的体现,也是匠心建造的表达。

安徽精度是一种精神,它与行业精神文明建设同频共振。建技术示范性的百年大桥,是安徽交通建设者圆梦超越的夙愿,要实现这一宏伟目标,就要全体人员提振精神气,迎接挑战,跨越赶超。行业精神文明建设,需要建设者们不断筑牢团结奋斗的共同思想基础,大力营造聚精会神干事业、一心一意谋发展的浓厚氛围,真正引导广大建设者们把思想行动统一到提升工程品质的具体行动上来。

安徽精度是一种追求,它与加快基础设施建设、提升公共服务水平同频共振。安徽精度是一个完整的体系,是工程质量控制理念和方法论的集合体,不仅涵盖常规的质量控制目标及控制指标,而且还包含达成质量目标所需要的新型技术及精细管控保障方式。同时也包含着在建造过程中不断追求完善,不断寻求突破的建造精神,是提升建设工程综合品质的重要手段。

安徽精度是一种态度,它与我国交通建设事业发展的脉搏同频共振。经历了30余年的大建设高潮,我国已经成为享誉世界的交通设施建设大国,无论是工程的规模，还是工程的数量和种类都已经进入世界前列。同时在科技创新、结构设计、施工建造等方面也积累了丰富的经验，但在回顾这些成绩时也会引起建设者们的反思：当前，交通基础设施不仅需要数量的增长，更需要品质、品牌和文化的提升，从注重工程实体质量向提升建设品牌的转变已具备必要的条件。

人民交通出版社股份有限公司出版的“芜湖长江公路二桥技术创新系列丛书”是在深入总结芜湖二桥建设经验的基础上，由一线技术人员和专家编写的、符合当前交通建设实际的、顺应交通建设发展潮流的生产指导用书。

用好“芜湖长江公路二桥技术创新系列丛书”，对于项目标准化、工厂化、规范化建设，提升徽道品质，意义深远。

2019 年秋于北京

前　　言

经历了30余年的建设高潮,我国已经成为享誉世界的桥梁大国,无论是从桥梁规模、数量还是种类上来看,都已进入世界前列,同时我国也在结构设计、施工建造、科技创新等方面积累了丰富的经验。但作为建设者,每当我们回顾这些成绩时,常常会反思,在过往的桥梁建设过程中,我们对桥梁工程建设品质的控制尚不尽人意,更有一些工程过于追求高、大、快而忽略了对工程品质的追求。

芜湖二桥的建设者们在建设伊始,就力求将芜湖二桥打造为一个技术示范型工程,以科技含量和工程品质为基础不断实现卓越工程的建造。以“安全、耐久、简约、美观”为建造理念,贯彻落实到结构设计、工程施工、项目管理和运营规划的全过程。将工业化建造理念、精细化施工管理、信息化管控手段等先进的技术理念不断应用到工程建设中,努力提升工程品质。

参建各方及科研单位经过通力合作,不断对施工中的精度指标体系进行总结探讨,最终由编委会归纳形成八大精度系列,本书为该系列内容的上篇,主要介绍了各分项工程的工序流程、指标精度及精度保障措施,具体如下:

第1章:介绍钢筋加工中的各项控制精度。

第2章:介绍预埋件安装中的各项控制精度。

第3章:介绍高性能混凝土的概念与控制精度。

第4章:介绍承台以及桥塔的温度控制精度与方法。

第5章:介绍桥塔线形控制、同向回转鞍座安装、钢箱梁加工与安装的控制精度。

第6章:介绍全体外束连续梁预制与安装控制精度。

第7章:介绍小箱梁成品构件的工厂化预制控制精度。

第8章:介绍大挑臂矮塔斜拉桥的施工线形控制精度。

第9章:信息化建造技术,是保障精度体系得以实现的重要技术,具有一定的技术前瞻性,本章介绍桥梁工程信息化理念并进行示例。

以上内容涵盖广泛,从细节到创新技术不一而足,形成了可直接运用于施工、管理执行的建造精度控制体系。

“品质工程”建设理念在芜湖二桥中的实践,取得了切实的成效,根据这一理念所提出的品质指标要求,也非常符合未来桥梁新技术发展的方向,可以为交通运输部“品质工程”建设理念在其他建设项目上的推进和实践起到促进作用,助力桥梁工程建造品质的提升。

由于作者水平有限,书中不当之处在所难免,谨请读者批评指正!

编委会

2019 年 5 月

于安徽合肥

目　录

第1章　钢筋加工及安装

1.1　概述

钢筋作为结构中的主要受力构件,其精度控制对于工程质量、结构安全来说至关重要。工程建设在秉承“安全、耐久、简约、美观”建设理念的同时,也要达到节约资源和环境保护的要求。以三维信息模型为基础的设计、施工、数字化移交、数字化运营等工程项目的全寿命周期管理研究,严格要求结构尺寸及钢筋保护层厚度,设定了工前合格率100%、成品合格率不能低于90%的总体目标,在此基础上提出对钢筋加工安装的控制精度要求。为保障钢筋的精度控制达到高标准的要求,钢筋加工安装必须打破以往的生产模式,采用精细化、标准化的方针,严抓每道施工工序,严格控制施工质量。

采用“钢筋加工安装控制精度”实施指南,结合《公路桥涵施工技术规范》(JTG/T F50—2011)、《公路工程质量检验评定标准》(JTG F80/1—2004)、《钢筋混凝土用钢　第1部分:热轧光圆钢筋》(GB 1499.1—2008)、《钢筋混凝土用钢　第2部分:热轧带肋钢筋》(GB 1499.2—2007)、《钢筋焊接及验收规程》(JGJ 18—2012)、《芜湖长江公路二桥招标文件》(ATIG-2013—101)及《芜湖长江公路二桥专项质量检验评定标准》等规范以及指导性文件的相关要求,细心打磨每一道工序,以规范化的钢筋加工厂模式进行生产,采用全套数控设备进行钢筋加工,实行流水线作业,从钢筋下料到弯制成品统一由数控设备完成,并在此工序的基础上总结提出34个控制指标,新增6个控制指标。

钢筋加工采用工厂化流水作业,节约人工的同时提高了加工精度;钢筋安装采用模块化施工,使用专用的安装胎卡具,实现整体安装、整体吊装。精细化施工和施工标准化建设有机融合,提升了建设工程精度。

1.2　标准工序

钢筋加工及安装标准工序如图1-1所示。

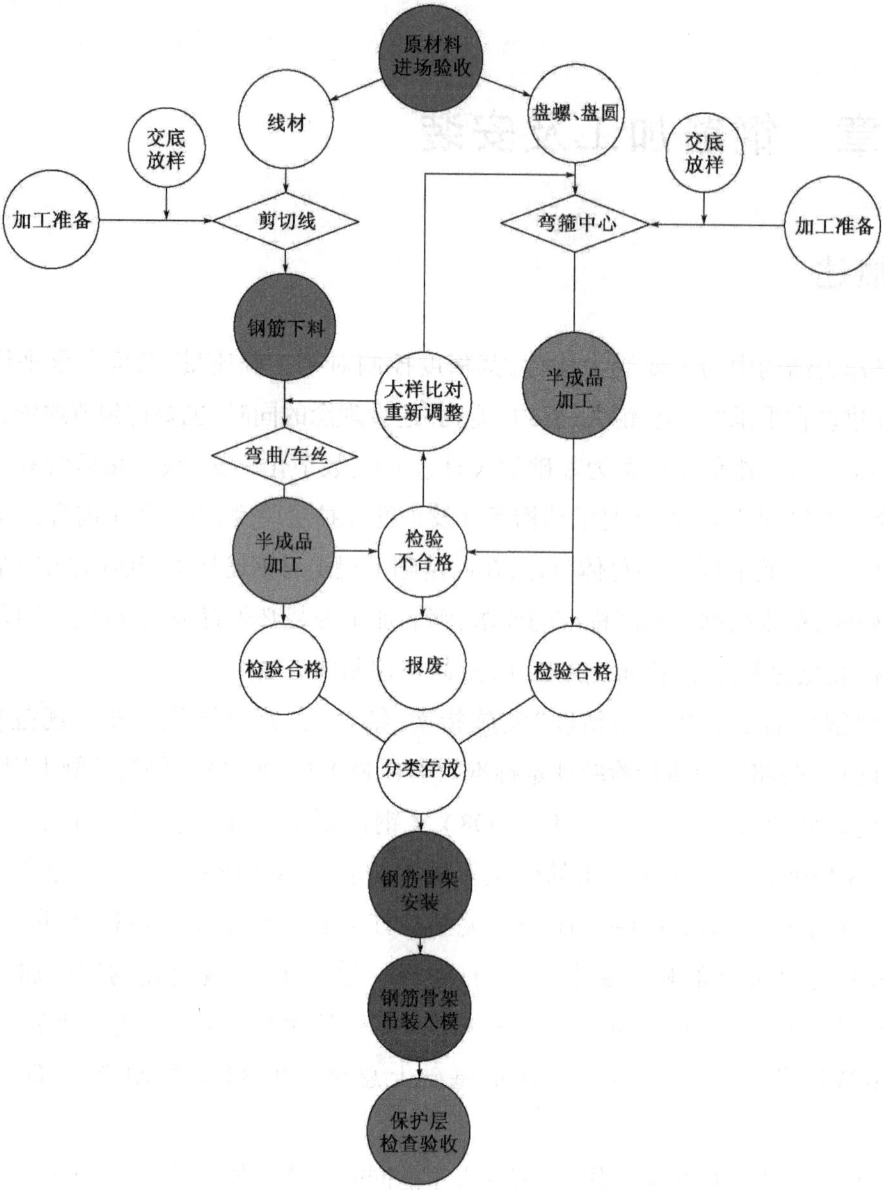

图 1-1　钢筋加工及安装工序流程图

1.3　精度指标

钢筋加工安装控制精度指标包括：钢筋进场检验控制指标（表 1-1）、钢筋下料控制指标（表 1-2）、半成品钢筋弯制控制指标（表 1-3、表 1-4、表 1-5）、钢筋骨架安装控制指标

(表1-6)、钢筋骨架吊装入模控制指标(表1-7)和保护层检验控制指标(表1-8)。

钢筋进场检验控制指标　　表1-1

序号	指标类别	指标名称			控制精度	相关规范	
		控制项目	钢筋类型及牌号	直径(mm)		规定值或允许偏差	来源
1	关键指标	最小屈服强度(MPa)	HPB300	8～20	300	300	《钢筋混凝土用钢 第1部分:热轧光圆钢筋》(GB 1499.1—2008)《钢筋混凝土用钢 第2部分:热轧带肋钢筋》(GB 1499.2—2007)
			HRB400	6～25	400	400	
				28～40			
				>40～50			
2		最小抗拉强度(MPa)	HPB300	8～20	420	420	
			HRB400	6～25	570	540	
				28～40			
				>40～50			
3		延伸率 δ_5(%)	HPB300	8～20	25	25	
			HRB400	6～25	16	16	
				28～40			
				>40～50			
4		180°冷弯弯芯内径	HPB300	8～20	d	d	
			HRB400	6～25	4d	4d	
				28～40	5d	5d	
				>40～50	6d	6d	

钢筋下料控制指标　　表1-2

序号	指标类别	指标名称	控制精度	相关规范		备注
				规定值或允许偏差	来源	
1	一般指标	钢筋断口	不得有马蹄形或起弯现象	—	—	新增指标
2	关键指标	下料长度(mm)	±5	—		

钢筋加工指标　　表1-3

序号	指标类别	指标名称	控制精度	相关规范		备注
				规定值或允许偏差	来源	
1	一般指标	弯起钢筋各部分尺寸(mm)	±20	±5	《公路桥涵施工技术规范》(JTG/T F50—2011)	
2		箍筋、螺旋筋各部分尺寸(mm)	±5	±5		

续上表

序号	指标类别	指标名称	控制精度	相关规范		备注
				规定值或允许偏差	来源	
3	关键指标	弯曲角度误差(°)	≤1			新增指标
4		受力钢筋顺长度方向加工后的全长(mm)	±5	±10	《公路桥涵施工技术规范》(JTG/T F50—2011)	

钢筋焊接接头指标

表 1-4

序号	指标类别	指标名称			控制精度	相关规范	
						规定值或允许偏差	来源
1	关键指标	焊缝长度	HPB300	单面焊	≥8d	≥8d	《钢筋焊接及验收规程》(JGJ 18—2012)
				双面焊	≥4d	≥4d	
			HRB400	单面焊	≥10d	≥10d	
				双面焊	≥5d	≥5d	
2		外观质量	焊缝表面		焊缝表面应平整,不得有凹陷或焊瘤	焊缝表面应平整,不得有凹陷或焊瘤	
3			裂纹		不得有肉眼可见裂纹	不得有肉眼可见裂纹	
4			焊缝余高		2~4mm	2~4mm	
5		抗拉强度			符合钢筋力学性能指标	符合钢筋力学性能指标	

注:d 为钢筋公称直径。

受力主钢筋制作和弯钩指标

表 1-5

序号	指标类别	指标名称					控制精度		相关规范		
									规定值或允许偏差		来源
		弯曲部位	弯曲角度	形状图	钢筋种类	公称直径d(mm)	弯曲直径	平直部分长度	弯曲直径	平直部分长度	
1	一般指标	末端弯钩	180°		HPB300	6~22	≥2.5d	≥3d	≥2.5d	≥3d	《公路桥涵施工技术规范》(JTG/T F50—2011)
2			135°		HRB335	6~25	≥3d	≥5d	≥3d	≥5d	
						28~40	≥4d		≥4d		
						50	≥5d		≥5d		
					HRB400	6~25	≥4d		≥4d		
						28~40	≥5d		≥5d		
						50	≥6d		≥6d		
					RRB400	8~25	≥3d		≥3d		
						28~40	≥4d		≥4d		

续上表

序号	指标类别	指标名称					控制精度		相关规范		
									规定值或允许偏差		来源
		弯曲部位	弯曲角度	形状图	钢筋种类	公称直径 d(mm)	弯曲直径	平直部分长度	弯曲直径	平直部分长度	
3	一般指标	末端弯钩	90°		HRB335	6～25	≥3d	≥10d	≥3d	≥10d	《公路桥涵施工技术规范》(JTG/T F50—2011)
						28～40	≥4d		≥4d		
						50	≥5d		≥5d		
					HRB400	6～25	≥4d		≥4d		
						28～40	≥5d		≥5d		
						50	≥6d		≥6d		
					HRB400	8～25	≥3d		≥3d		
						28～40	≥4d		≥4d		
4		中间弯折	≤90°		各类钢筋		≥20d		≥20d		

注:箍筋的末端应做弯钩,弯钩的形状应符合设计规定。弯钩的弯曲直径应大于被箍受力主钢筋的直径,且HPB235级钢筋应不小于箍筋直径的2.5倍,HRB335级钢筋应不小于箍筋直径的4倍。弯钩平交部分的长度,一般结构应不小于箍筋直径的5倍;有抗震要求的结构,应不小于箍筋直径的10倍。设计中未规定弯钩的形状时,可按图1-2a)、b)加工;有抗震要求的结构,应按图1-2c)加工。

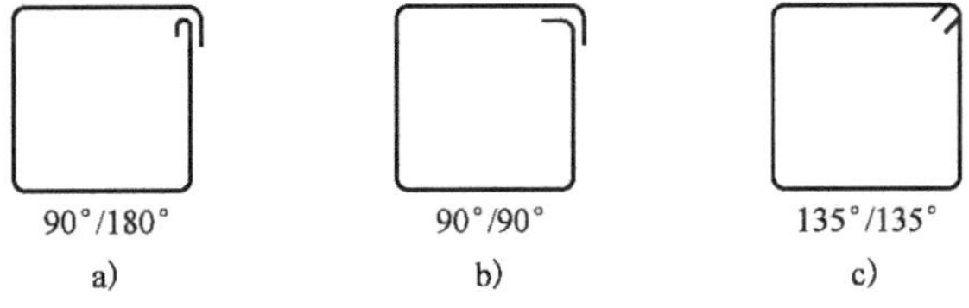

图1-2　箍筋弯钩形式图

钢筋骨架安装控制指标　　表1-6

序号	指标类别	指标名称	控制精度(mm)	相关规范	
				规定值或允许偏差(mm)	来源
1	一般指标	网的长、宽	±10	±10	《公路工程质量检验评定标准 第一册 土建工程》(JTG F80/1—2004)
2		网眼尺寸	±10	±10	
3		对角线差	10	15	
4		骨架的宽、高	±5	±5	
5		骨架的长	±10	±10	
6		弯起钢筋位置	±20	±20	

续上表

序号	指标类别	指 标 名 称	控制精度(mm)	相关规范	
				规定值或允许偏差(mm)	来源
7	关键指标	箍筋及横向水平筋间距	±10	±10	《公路工程质量检验评定标准 第一册 土建工程》(JTG F80/1—2004)
8		两排以上排距	±5	±5	
9		同排受力筋间距	±10	±10	
10		保护层厚度	±5	±5	

钢筋骨架吊装入模控制指标

表 1-7

序号	指标类别	指 标 名 称	控制精度(mm)	相关规范		备注
				规定值或允许偏差(mm)	来源	
1	一般指标	骨架变形量	5	—	—	新增指标
2		骨架与模板横向中线误差	±5	—		
3	关键指标	骨架与模板轴线误差	±3	—		

保护层检验控制指标

表 1-8

序号	指标类别	指 标 名 称	控制精度	相关规范	
				规定值或允许偏差	来源
1	一般指标	垫块数量(块/m^2)	5	3	《公路工程质量检验评定标准 第一册 土建工程》(JTG F80/1—2004)
2	关键指标	保护层厚度(mm)	±5	±5	

1.4 精度保障

在钢筋加工和安装的各个过程中,都要注意施工精度。下面从原材料进场验收、分类存放、钢筋下料、半成品钢筋弯制、钢筋骨架安装、钢筋骨架吊装入模和保护层检验等方面介绍保证施工精度需注意的要点。

1.4.1 原材料进场验收

(1)钢筋进场后每60t为一批,对钢筋长度进行检查,长度误差应小于2cm。

(2)钢筋不得露天存放,分批分类放到固定的存放胎具上,不得混杂,并设立标识牌,

存放时间不宜超过6个月。

(3)钢筋表面应洁净、无损伤,使用前应将表面的油渍、漆皮、鳞锈等清除干净。

1.4.2 分类存放

(1)半成品钢筋加工好后必须分类存放整齐。

(2)存放场地应有防、排水设施。

(3)钢筋不得直接置于地面,应将钢筋垫高或堆置于台座上。

(4)设置半成品钢筋编号和标识牌。

1.4.3 钢筋下料

(1)下料前要统筹安排,长短料要相互结合,充分利用。

(2)一般先下长料,后下短料,尽量减少短头和损耗。

(3)切断过程中如发现有劈裂、缩径或严重弯头等缺陷时,必须将缺陷部分切除。切断后钢筋断口不得有马蹄形或起弯现象。

(4)钢筋下料时还应考虑由于弯折而产生的伸长量,注意扣除伸长量,以节约钢筋、降低成本,减少下料误差。

(5)钢筋下料采用数控设备,设备的参数性能必须满足表1-9要求。加工过程中对下料长度进行抽检,依据抽检结果对设备参数进行调整。

剪切线性能参数 表1-9

参数	控制值(mm)									
剪切钢筋长度	750~12000									
长度误差	±5									
最小手动剪切尺寸	750									
最小自动剪切尺寸	1200									
剪切钢筋直径	D10~D38									
钢筋直径	10	12	16	20	22	25	28	32	35	38
剪切数量(HRB400)	10	8	6	4	3	3	2	1	1	1

1.4.4 半成品钢筋弯制

1)采用数控加工设备

(1)钢筋加工车间必须配备数控钢筋弯曲机、数控弯箍机等钢筋加工成套设备,保证工程所需要的各种钢筋均由机械自动加工成型,数控设备提高了加工精度和施工效率,设备性能参数应满足表1-10、表1-11的要求。

(2)施工过程中定期对数控设备进行维护检查,定期对定位销轴进行更换,保证设备的施工精度。

弯曲中心性能参数 表1-10

参　数	控　制　值									
弯曲角度范围(°)	30~180									
钢筋直径(mm)	10	12	14	16	20	25	28	32	40	50
剪切数量 HRB335(mm)	8	7	6	5	4	4	3	2	1	1
剪切数量 HRB400(mm)	6	6	5	4	3	2	1	1	1	1

弯箍中心性能参数 表1-11

参　数	控　制　值	参　数	控　制　值
单线加工能力(mm)	ϕ5~13	中心直径(mm)	25~30
双线加工能力(mm)	ϕ5~10	长度精度(mm)	±1
弯曲角度(°)	±180	角度精度(°)	±1

2)大样比对

(1)异形钢筋制作前在平整场地上按1:1比例在地面上放出大样图。

(2)钢筋加工好后放到大样图上进行对比(图1-3),并量取加工误差,依据误差范围调整数控设备的性能参数。

a)

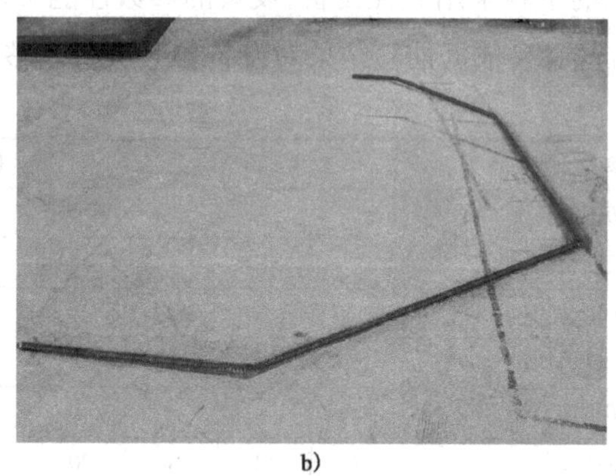

b)

图1-3　半成品钢筋大样比对

(3)检验合格后方能进行批量生产。

3)钢筋焊接接头

(1)操作工人必须经过专业技术人员培训合格后方能持证上岗。

(2)焊接时根据钢筋直径调整电流,避免烧伤钢筋。

(3)焊接过程中应及时清渣,焊缝表面应光滑,焊缝余高应平缓过度,弧坑应填满。

(4)对接头按验收要求进行检验时,以300个同牌号钢筋、同形式接头作为一批,随机

切取 3 个接头进行拉伸试验,合格后方能使用。

(5)受力钢筋的连接接头应设置在内力较小处,并错开布置,接头长度区段内受力钢筋接头面积应小于 50%。

(6)施工过程中质检员应及时检查钢筋焊接质量,在施工过程中控制钢筋焊接质量。

4)钢筋车丝接头

(1)材料严格实行准入制度,采用滚轧直螺纹连接的规格钢筋,在连接前做型式试验,在型式试验质量满足要求后方可进行批量生产。

(2)钢筋加工前对构件骨架的分节长度进行分节计算;钢筋进场后为了保证端头成形质量,采用锯床对钢筋原材两端进行切割,端部切割 5cm。

(3)28mm、32mm 钢筋通过前期试验得出每幅刀具可车丝数量按不超过 450 个控制;40mm 钢筋刀具可车丝数量按不超过 350 个控制。

(4)钢筋丝头确保饱满,已加工出的丝牙不得出现毛刺、丝牙破损、丝牙裂痕等现象,整个丝牙外形完整性一致。

(5)标准型钢筋丝头螺纹的有效丝扣长度为 1/2 套筒长度,其允许误差为 $+2P$(P 为螺距)。对于加锁母型钢筋丝头,在加锁母螺纹的有效丝扣长度应为套筒长度和锁母厚度之和,公差为 $0\sim2P$;钢筋连接后外露无效丝扣长度不得超过 $1P$。

(6)丝头尺寸检验:用专用的螺纹环规检查,其环通规应能顺利旋入,环止规旋入长度不得超过 $3P$。

(7)建立丝头出场验收台账、钢筋套筒进场台账、钢筋丝头加工台账、设备维护记录台账、刀具更换台账,刀具更换后现场标识保存便于追溯。

(8)现场抽检以 500 个机械连接接头为一检验批,不足时也为一批,已检试件留样备查。

5)分类存放

(1)半成品钢筋存放于全封闭的钢筋加工厂内,避免风吹日晒。钢筋厂内应设置半成品钢筋存放胎模(图 1-4),主要是用来分类存放半成品钢筋,保证存放整洁有序,避免胡堆乱放造成半成品钢筋产生变形。

(2)每个存放胎模上必须有钢筋编号和标识,对于结构形状相似的半成品钢筋要防止操作工人错放错用。

1.4.5 钢筋骨架安装

1)桩基钢筋加工保证措施

桩基钢筋加工前,根据不同桩长将钢筋笼进行分节,计算钢筋的分节长度。

图 1-4　存放胎模

桩基钢筋笼制造按照长线法在胎架上匹配进行(图 1-5),在加工场地内布置混凝土台座,台座上布置钢筋定位胎架,按钢筋笼长度方向通长布置。

a)

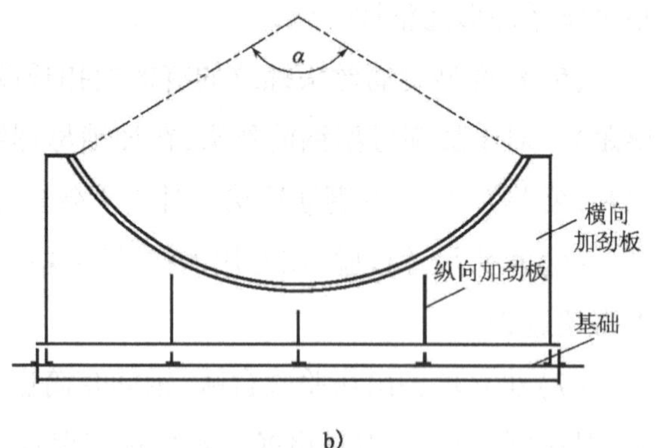

b)

图 1-5　加工胎架

为确保钢筋笼端部平齐,现场设置端头挡板装置(图 1-6)。

先装主筋,箍筋通过划线标识安装;钢筋长线法匹配完成,验收合格后,现场在钢筋上做好标识,便于现场对接。

2)承台钢筋加工保证措施

承台内墩身预埋钢筋采用型钢焊接架定位(图 1-7),工人量好距离后,将定位架焊接牢靠,待浇筑混凝土达到标准抗压强度后方可拆除。

3)墩身钢筋加工保证措施

墩身钢筋采用长线法匹配预制,变空中作业为地面作业。墩柱钢筋在后场胎架上加工成形,考虑到混凝土分节浇筑和吊装(受运输长度和吊重控制)的需要,墩身预制钢筋标准节段长度定为 9m。

图1-6 端头挡板

图1-7 墩身钢筋定位

钢筋在胎架(图1-8)上进行钢筋骨架制作完成后,经过验收合格后拆除胎架顶梁及两侧支模。为了防止钢筋骨架在翻身过程中变形,在骨架内设置∠80mm×80mm×8mm角钢固定内支撑,支撑间距按2m设置。

钢筋胎架采用I18、∠80mm×80mm×8mm等型钢,对于首节和钢筋接头部位设置特殊节段,首末端设端头挡板(图1-9)控制钢筋总高度。

箍筋在数控弯箍机加工成形后,通过划线标识安装;钢筋长线法匹配完成并验收合格后,现场在钢筋上做好标识,便于现场对接。

图1-8 墩身钢筋胎架

图1-9 墩身钢筋笼端头挡板

钢筋预制标准节段运至现场后,通过起重机完成钢筋预制节段的水平起吊并翻身,缓慢吊起并平移至安装位置,人工对接,丝头拧到位后采用扭矩扳手进行检查,合格后绑扎对接区域段的其他箍筋(图1-10)。

4)塔柱钢筋加工保证措施

塔柱钢筋在钢筋加工车间按照设计尺寸加工,半成品加工完成后由平板车运输至施工现场,通过塔式起重机吊至塔柱作业面处爬模操作平台上临时放置,待劲性骨架安装完成后接长竖向主筋,内层C32双层主筋与劲性骨架固定,外层主筋通过拉筋与内层主筋固定(图1-11)。

a)

b)

图 1-10 墩身钢筋笼吊装

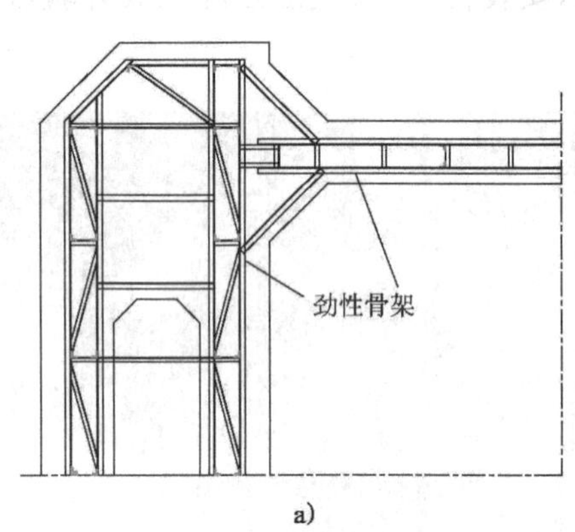

a)

b)

图 1-11 钢筋定位盘

塔柱钢筋采用“定位盘”进行精确定位，定位盘采用角钢及钢板制作，钢板上根据钢筋间距开槽口，利用角钢将定位钢板按照塔柱形状连成若干小块，整体安装、拆除。

5）节段梁钢筋加工保证措施

（1）制作专用胎卡具

据钢筋骨架设计图纸加工专用的骨架安装胎卡具（图 1-12），胎卡具上设置钢筋定位卡槽。

胎卡具的加工精度高于钢筋骨架的允许误差，从而保证钢筋骨架的尺寸精度、位置精度和钢筋间距，见表 1-12。

图 1-12 钢筋骨架安装胎卡具

钢筋骨架胎卡具加工要求 表 1-12

参　数	控制值(mm)	参　数	控制值(mm)
长	±5	对角线	±10
宽	±3	定位卡槽	±5
高	±3	转角点位置	±5

注:此表以钢筋骨架安装指标要求为依据。

(2)加强安装过程控制

加强对操作工人的培训,增强工人的质量意识,在骨架安装的过程中提高施工精度,保证钢筋骨架的施工质量。钢筋骨架安装过程检查如图 1-13 所示。

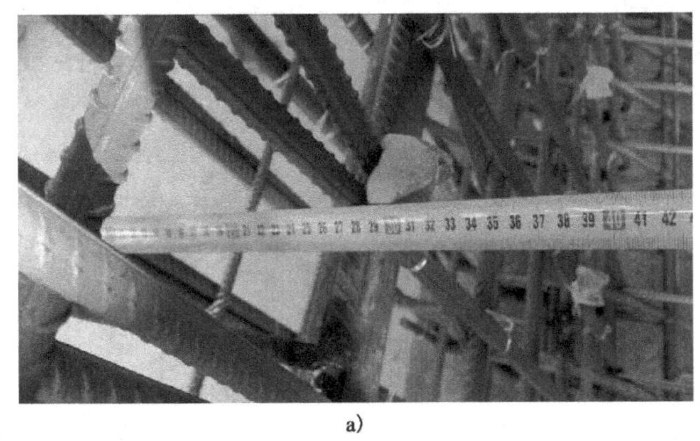

a)

b)

图 1-13 钢筋骨架安装过程检查

(3)墩顶段钢筋增加劲性骨架

墩顶段钢筋复杂且预埋件繁多,为保证钢筋的安装精度,方便预埋件的安装定位,增加了劲性骨架。劲性骨架轴测图如图 1-14 所示,墩顶段横梁钢筋轴测图如图 1-15 所示。

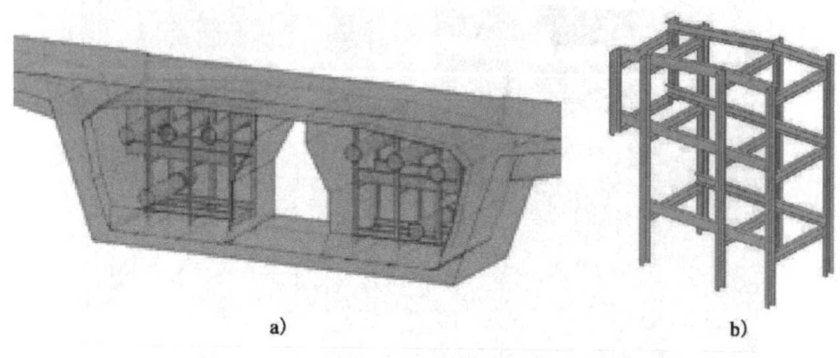

图 1-14 劲性骨架轴测图

(4)增加保护层垫块

每平方米垫块不少于5个。在钢筋骨架腹板和转角处增加垫块数量,可提高钢筋骨架保护层的精确度。腹板垫块如图1-16所示。

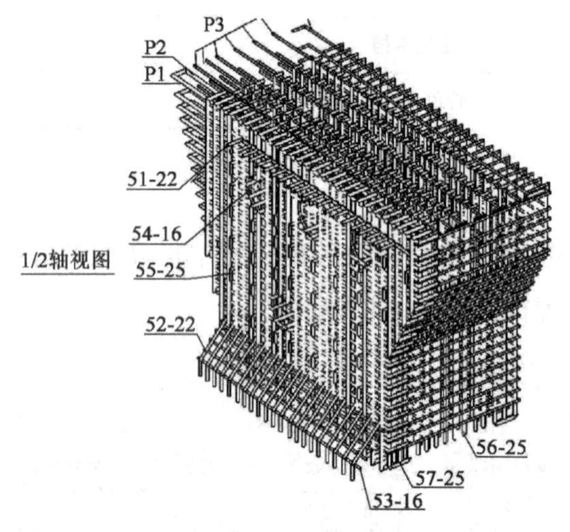

图 1-15 墩顶段横梁钢筋轴测图

图 1-16 腹板垫块

1.4.6 钢筋骨架吊装入模

1)制作专用吊具

制作专用吊具对钢筋骨架进行吊装,通过链条将吊架和骨架进行连接,吊点分布均匀,对骨架顶板和底板同时吊装,每根链条连接的松紧程度要一致。

2)增强骨架稳定性

对腹板和底板倒角连接筋进行单面焊接,对钢筋骨架关键部位进行点焊,增加钢筋骨架稳定性,避免吊装过程发生骨架变形,影响骨架尺寸精度。

3）钢筋骨架吊装

钢筋骨架与吊架连接好后，首先起吊吊架，链条受力后停止，对各个吊点进行检查调整，保证吊点受力均匀。检查完毕后缓慢起吊，起吊过程中设专人进行观察，避免钢筋与安装胎具发生碰撞（图1-17、图1-18）。

图1-17　钢筋吊架

图1-18　钢筋骨架吊装

起吊到指定高度后，门式起重机开始行走，将骨架吊运到指定预制台座。行走过程中必须设置专人对钢筋骨架进行牵引，避免钢筋骨架在空中旋转。

4）钢筋骨架入模

钢筋骨架吊装到指定预制台座后，先粗调钢筋位置，缓慢下降，当钢筋下落至腹板内时停止，调整骨架轴线和横向中心线与模板轴线和横向中心线一致，然后再次缓慢下落，边下落边调整中线。

当钢筋骨架与模板间距剩余5cm时停止，精调骨架轴线和横向中心线，保证与模板轴线和横向中心线的误差控制在要求范围内，然后下落骨架后拆除吊架，如图1-19所示。

图1-19　钢筋骨架入模

1.4.7 保护层检验

(1)钢筋骨架吊装完毕后对保护层进行全面检查,所有垫块必须和模板密贴,避免出现保护层超标现象,对每个骨架进行全面检查,逐个调整。

(2)检验必须经过三检制,即现场技术员自检、质检员复检、监理工程师专检,通过层层把关,保证工前保护层合格率在100%,如图1-20所示。

图1-20 工前保护层合格率100%

第 2 章　预埋件定位及安装

2.1　概述

预埋件作为预先安装在浇筑构件中的构配件,用于后面工序安装作业时的连接件,是工程中不可缺少的重要部分,它直接影响到安装质量和进度。预制高强构件的轻型化以及内部构造复杂程度的增加,提高了预埋件精度控制的难度,需要进行全面考虑,以工厂化加工制造的理念创新预埋工艺,在此基础上提升控制标准,以保障预埋充分、位置精确。

本章针对预应力、支座、阻尼以及辅助功能构件的预埋控制进行剖析,对工艺流程进行分解,提取施工控制指标 20 项,其中关键性指标 12 项,新增指标 6 项。新增指标主要针对新的预埋件种类以及增加的辅助型预埋件,其他指标则参照现行规范进行总结。

为保障预埋件的施工质量,本章结合工程特点,遵循科学性、先进性、经济性、合理性与实用性相结合的原则,建立预埋件入场三方联合检核制度,保证预埋件的质量;建立预埋件三维模型架构方法,提高技术人员对预埋件数量、尺寸、预埋方法等的熟悉程度;引入流程化管理,结合"三检"验收制度,提高技术人员及施工操作人员的责任心;独创劲性骨架结构,提高定位精度,减少定位工作量,提高功效,与网片状钢筋结合形成整体,提高整个墩顶块预埋件体系刚度。

在施工过程中需坚持工法的突破与创新,将施工过程关键性指标精细化,引入工厂化理念,以精度控制目标为导向,研究新型预埋技术及辅助措施,对重要工序采用智能化或网络化管理,架构施工标准化、指标精细化、工序流程化、管理常态化的一体方法,最终实现预埋精确的总体目标。

2.2　标准工序

预埋件工序流程见图 2-1。

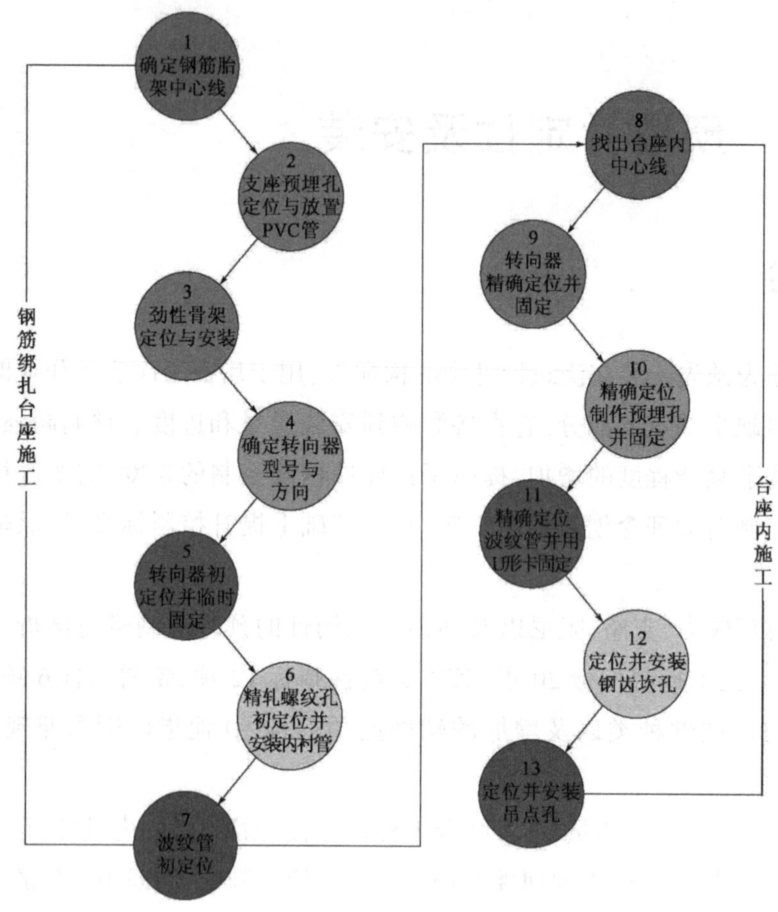

图 2-1　预埋件工序流程图

2.3　精度指标

预埋件定位指标如表 2-1 所示。

预埋件定位指标　　表 2-1

序号	指标类别	指标名称			控制精度	相关规范		备注
						规定值或允许偏差	来源	
1	一般指标	定位卡		波纹管	300,点焊	≤800	《公路桥涵施工技术规范》(JTG/T F50—2011)	
2		预埋件	支座板、锚垫板等预埋钢板	位置(mm)	5	10		
3				高程(mm)	±5	±5		
4				平面高差(mm)	5	5		
5			螺栓、锚筋等	位置(mm)	—	10		
6				外露尺寸(mm)	5	±10		

续上表

序号	指标类别	指标名称			控制精度	相关规范		备注
						规定值或允许偏差	来源	
7	一般指标	永久精轧螺纹管道、锚垫板		位置(mm)	5	—	—	新增指标
8		护栏钢筋		位置(mm)	—	5	《公路桥涵施工技术规范》(JTG/T F50—2011)	
9	关键指标	后张预应力管道坐标		梁长方向(mm)	±30	30		
10				梁高方向(mm)	±6	10		
11		后张预应力管道间距		同排(mm)	6	10		
12				上下层(mm)	6	10		
13		体外预应力体系	锚板及导管	水平与竖直定位(mm)	10	—	—	新增指标
14				扭角偏差(°)	1	—		
15			转向器	水平定位(mm)	10	—		
16				竖直定位(mm)	-10~5	—		
17				扭角偏差(°)	1	—		
18		吊孔		位置(mm)	5	5	《公路桥涵施工技术规范》(JTG/T F50—2011)	
19		预应力筋孔道		位置(mm)	±3	节段端部10		
20				孔径(mm)	±3,-0	+3,-0		

2.4 精度保障

2.4.1 体外预应力预埋件

1)初步定位

体外预埋件初步定位是指在钢筋胎架上进行钢筋绑扎,初步定位的准确性直接关系到后期精确定位的定位时间。

因转向器种类繁多且尺寸各不相同,为了防止安装时混淆,加工转向器时应对照设计图纸对转向器进行编号,分别在吊点处、外表面和分丝孔明示编号,并标识出转向器安装方向和扭角十字刻度。

根据钢筋胎架中心线及劲性骨架中心线固定劲性骨架,劲性骨架断面图如图2-2所示。在劲性骨架上标记转向器位置后,初步定位预埋件位置(误差10mm以内)并临时固定,定位完成后钢筋绑扎时不扰动预埋件位置,同时预留出2cm的空间,如图2-3所示。

预定位后悬挂标识卡片,以方便“互检”“监理验收”时对与钢筋笼匹配的转向器编号、方向及孔数的验收。

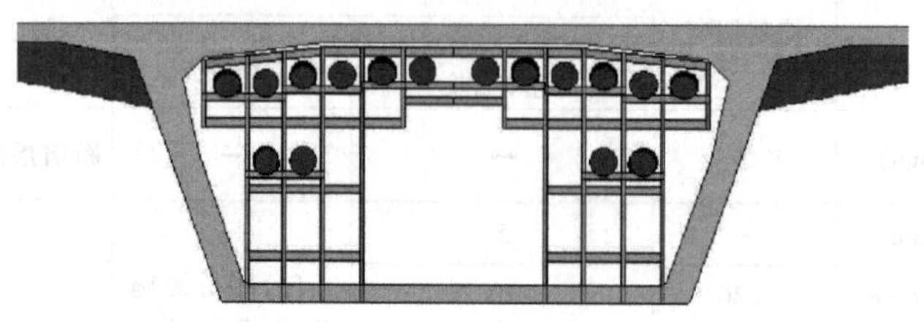

图 2-2 劲性骨架断面图

图 2-3 劲性骨架安装时与底板钢筋连接

2)精确定位

体外预埋件的精确定位是在模板中完成的,由于精确定位要求高、施工难度大,所以体外预埋件定位为专人施工。

钢筋笼入模后,以模板中心线为水平向基准点,以底板为竖向基准点,严格按照设计尺寸进行精确定位,转向器定位尺寸如图 2-4 所示,并记录表格。水平精度控制在 ±5mm 以内,竖直精度控制在 0 ~5mm。

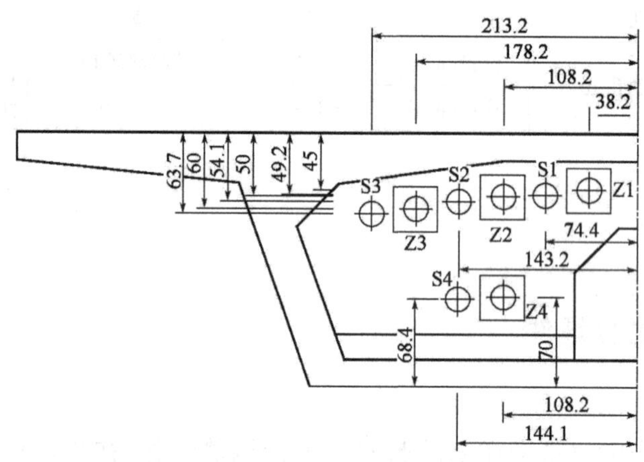

图 2-4 转向器定位尺寸(单位:mm)

定位后,用钢筋卡将转向器固定,并与主筋焊接。为防止混凝土浇筑过程中水泥浆进入分丝孔,将分丝孔用泡沫堵塞,并将管道密封,拆模后及时检查和疏通分丝孔。

2.4.2 横向束预埋件

定位安装横向束预埋件时,要注意以下几点:

(1)根据图纸,精确下料,严禁使用波纹管接头,以防漏浆。

(2)在绑扎钢筋笼顶板钢筋前,需初定位波纹管位置。

(3)为方便工人定位体内束,在台座内悬挂波纹管起弯点详图,并在固定端模板上刻

画永久性起弯位置点。

(4)波纹管定位全部采用 ϕ10 圆钢制作的 U 形筋固定,沿波纹管方向每 30cm 一道,应特别注意焊接时防止烧伤波纹管,定位结束后加检一次。

(5)横向预应力弧形锚垫板定位固定在模具上,设置锚固螺栓进行定位固定,即在弧形锚具的两侧各设置 1 个 ϕ12mm 螺栓进行锚固。

2.4.3 支座预埋孔

(1)根据横坡和纵坡重新计算支座预埋孔(如图 2-5 所示)对应的位置,并区分出大小里程方向。

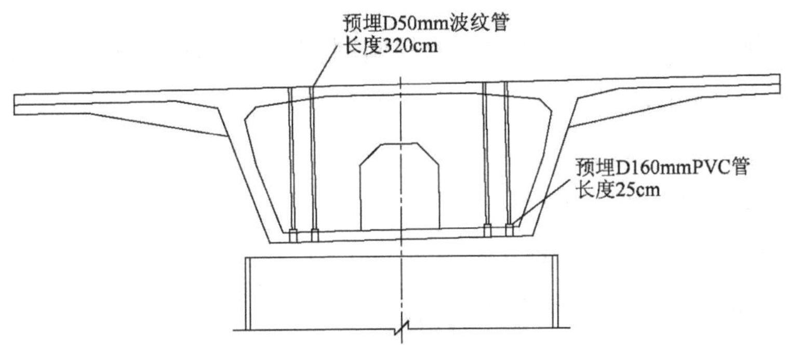

图 2-5 支座预埋孔断面图

(2)标出预埋孔位置后及时安放预先下料好的带弯钩钢筋,并预埋进 ϕ160mmPVC 管。

2.4.4 永久、临时预应力孔

永久性、临时性预应力孔不仅需要在尺寸上做到准确,更重要的是匹配时孔的贯通,这就需模板拼装完成后安装通长精轧螺纹钢(图 2-6)。

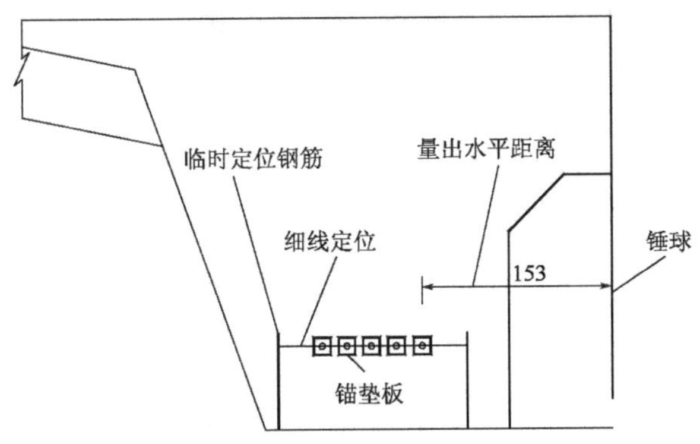

图 2-6 永久、临时预应力孔内衬管及位置

2.4.5 平台及爬梯预埋件

(1)塔柱轴线放点,根据塔柱轴线,用钢卷尺量出预埋件平面位置。

(2)测量放出预埋件竖向轴线在劲性骨架对应位置的高程。

(3)利用钢卷尺定位出预埋件初步位置。

(4)模板安装完成后,将预埋件推顶住模板,测量在模板顶口放出预埋件竖向轴线位置,通过钢卷尺精确定位预埋件,并与塔柱钢筋或劲性骨架焊接固定。

(5)通过附近预埋件进行校核它们的相对位置。

2.4.6 阻尼支座预埋

(1)保证测量精度的措施有:加密测量控制网,选择高精度测量仪器,选择气温稳定、风力较小、成像清晰时候测量。

(2)横梁钢筋绑扎时,应预留出阻尼支座位置。

(3)将阻尼支座锚筋调顺直。

(4)测量初定位阻尼支座位置。

(5)测量复测阻尼支座位置,并进行精调。

2.4.7 横向支座预埋

(1)测量精度保证措施:加密测量控制网,选择高精度测量仪器,选择气温稳定、风力较小、成像清晰的时候测量,在绑扎钢筋时,预留出横向支座锚筋位置。

(2)钢筋绑扎完成后,在横向支座各交点附近悬挑出钢筋,测量在悬挑钢筋上放出的横向支座边点。

(3)将横向支座各边点用线带出,根据边线安装横向支座。

(4)安装完成后,测量复测横向支座各边点,进行精调。

第3章　高性能混凝土

3.1　概述

芜湖长江公路二桥为典型的以桥梁为主体的大型工程建设项目，全长55.512km，其中长江大桥13.98km（跨江主桥1.622km，引桥12.360km），北岸接线20.762km，南岸接线20.768km。混凝土总量约110万m^3，工程结构形式复杂，建设规模和难度大，软土地基承载，且有腐蚀环境。按100年设计使用年限设计，对工程耐久性提出了很高的要求。为了提高本工程的建设技术水平，确保工程质量满足设计目标要求的耐久性，选用了高性能混凝土。

高性能混凝土的定义为：采用常规材料和工艺生产，符合混凝土结构所要求的各项力学性能并具有高耐久性、高体积稳定性和良好工作性的混凝土。配置特点为采用低水胶比，选用优质原材料且掺加足量优质掺合料，生产质量要求较为严格。

高性能混凝土配制的特点是低水胶比、掺用高效减水剂和矿物掺合料。因此改变了水泥石的亚微观结构，改变了水泥石与集料间界面结构性质，提高了混凝土的致密性。高性能混凝土的制备不仅是水泥石本身，还应包括骨料的性能，配合比的设计，混凝土的搅拌、运输、浇筑、养护以及质量控制，以上是高性能混凝土有别于以强度为主要特征的普通混凝土技术的重要内容。

针对各类桥梁混凝土结构的不同特点，依据交通、铁路等行业标准，并参考国内外相关技术标准、先进技术、研究成果及类似工程经验提出高性能混凝土相关技术要求。在工程建设过程中，对混凝土配合比设计，混凝土原材料控制，混凝土施工控制，混凝土成品养护做了大量有成效的试验和研究工作，通过对各过程中的控制精度成果进行整理提升，提出了质量控制的主要指标。

为了突出混凝土耐久性特点，在配合比方面，规定了高于相关规范要求的最低胶材用量，最大水胶比指标，配合比的耐久性指标也涵盖了抗渗性能、抗裂性能、抗腐蚀性能等多个方面。原材料方面，运用了优质矿物掺合料，主塔塔柱、节段梁等重要结构采用了粉煤灰和矿粉的双掺技术，其他原材料也都是采用最严格的控制指标。

高性能混凝土的特点也决定了施工过程的控制要更加严格，在混凝土施工过程控制方面,本工程对拌和站安装了动态监控管理软件,实行三级报警,对于计量误差也规定了要求;为了控制混凝土入模温度,拌和站安装了制冰机,水箱安装加热系统,保证冬季以及夏季的混凝土入模温度。混凝土养护方面,采取了科学全面的保温防护措施以及滴灌养护方法。通过这些行之有效的控制措施,可以较好地控制混凝土裂缝的产生,保证混凝土的内在及外观质量。

3.2 标准工序

高性能混凝土施工控制流程如图 3-1 所示。

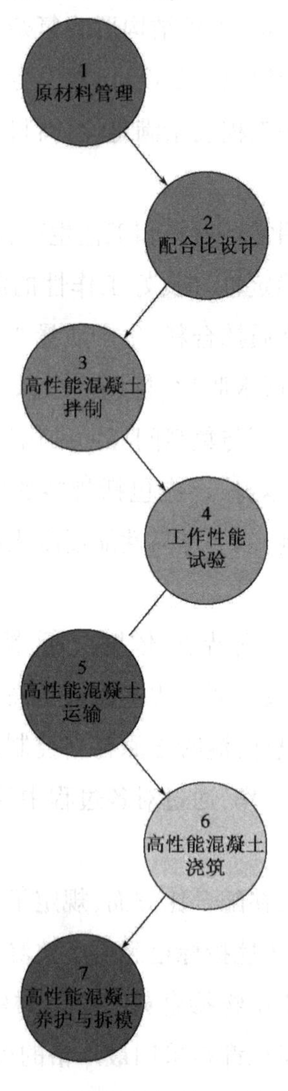

图 3-1 高性能混凝土施工控制流程

3.3　精度指标

高性能混凝土施工精度指标包括:混凝土耐久性控制指标(表3-1)、水泥质量控制指标(表3-2)、粉煤灰质量控制指标(表3-3)、粒化高炉矿渣粉质量控制指标(表3-4)、粗集料质量控制指标(表3-5)、细集料质量控制指标(表3-6)、外加剂质量控制指标(表3-7)、拌和水、养护用水质量控制指标(表3-8)、混凝土配合比控制指标(表3-9)和混凝土配料控制指标(表3-10)等。

混凝土耐久性控制指标　　表3-1

序号	指标类别	检验项目(单位)		控制精度	相关规范		备注
					规范规定值或允许偏差	来源	
1	一般指标	56d电通量(C)		≤1000	≤1000	《公路桥涵施工技术规范》(JTG/T F50—2011)	
2	关键指标	抗水渗性		P12	—	—	新增指标
3		早期抗裂(mm^2/m^2)		V级,总开裂面积<100	—	—	
4		总碱量(kg/m^3)		≤3.0	—	—	
5		氯离子含量(%)	C35	≤0.10	—	—	
			C40	≤0.10	—	—	
			C50	≤0.06	—	—	
6		56d抗氯离子迁移系数(10~12m^2/s)	C35	≤3.5	—	—	
			C40	≤3.5	—	—	
			C50	≤2.5	—	—	

水泥质量控制指标　　表3-2

序号	指标类别	检验项目(单位)		控制精度		相关规范		
						规范规定值或允许偏差		来源
				P·O 42.5	P·Ⅱ42.5	P·O 42.5	P·Ⅱ42.5	
1	一般指标	比表面积(m^2/kg)		≥300	300~350	≥300	300~350	通用硅酸盐水泥(GB 175—2007)
2		凝结时间(min)	初凝	≥45		≥45		
			终凝	≤600	≤390	≤600	≤390	
3		抗压强度(MPa)	3d	≥17.0		≥17.0		
			28d	≥42.5		≥42.5		
4		抗折强度(MPa)	3d	≥3.5		≥3.5		
			28d	≥6.5		≥6.5		
5		安定性		合格		合格		
6		烧失量(%)		≤5.0	≤3.5	≤5.0	≤3.5	

续上表

<table>
<tr><th rowspan="3">序号</th><th rowspan="3">指标类别</th><th rowspan="3">检验项目
（单位）</th><th colspan="2" rowspan="2">控 制 精 度</th><th colspan="3">相 关 规 范</th></tr>
<tr><th colspan="2">规范规定值
或允许偏差</th><th rowspan="2">来源</th></tr>
<tr><th>P·O 42.5</th><th>P·Ⅱ42.5</th><th>P·O 42.5</th><th>P·Ⅱ42.5</th></tr>
<tr><td>7</td><td rowspan="2">一般指标</td><td>氧化镁（%）</td><td colspan="2">≤5.0</td><td colspan="2">≤5.0</td><td rowspan="6">通用硅酸盐水泥（GB 175—2007）</td></tr>
<tr><td>8</td><td>三氧化硫（%）</td><td colspan="2">≤3.5</td><td colspan="2">≤3.5</td></tr>
<tr><td>9</td><td>关键指标</td><td>氯离子（%）</td><td colspan="2">≤0.03</td><td colspan="2">≤0.06</td></tr>
<tr><td>10</td><td rowspan="3">一般指标</td><td>碱含量（%）</td><td colspan="2">≤0.6</td><td colspan="2">≤0.6</td></tr>
<tr><td>11</td><td>游离氧化钙（%）</td><td colspan="2">≤1.5</td><td colspan="2">≤1.5</td></tr>
<tr><td>12</td><td>C3A（%）</td><td colspan="2">≤8</td><td colspan="2">≤8</td></tr>
</table>

粉煤灰质量控制指标

表 3-3

<table>
<tr><th rowspan="3">序号</th><th rowspan="3">指标类别</th><th rowspan="3">检验项目
（单位）</th><th colspan="2" rowspan="2">控制精度</th><th colspan="3">相 关 规 范</th><th rowspan="3">备　　注</th></tr>
<tr><th colspan="2">规范规定值
或允许偏差</th><th rowspan="2">来源</th></tr>
<tr><th>C50 以下混凝土</th><th>C50 及以上混凝土</th><th>C50 以下混凝土</th><th>C50 及以上混凝土</th></tr>
<tr><td>1</td><td>关键指标</td><td>细度（%）</td><td colspan="2">≤12</td><td>≤20</td><td>≤12</td><td rowspan="8">用于水泥和混凝土中的粉煤灰（GB/T 1596—2005）</td><td></td></tr>
<tr><td>2</td><td>一般指标</td><td>烧失量（%）</td><td>≤5.0</td><td>≤3.0</td><td>≤5.0</td><td>≤3.0</td><td></td></tr>
<tr><td>3</td><td>关键指标</td><td>需水量比（%）</td><td>≤105</td><td>≤95</td><td>≤105</td><td>≤100</td><td></td></tr>
<tr><td>4</td><td rowspan="5">一般指标</td><td>含水量（%）</td><td colspan="2">≤1.0</td><td colspan="2">≤1.0</td><td></td></tr>
<tr><td>5</td><td>氯离子含量（%）</td><td colspan="2">≤0.02</td><td colspan="2">≤0.02</td><td></td></tr>
<tr><td>6</td><td>三氧化硫（%）</td><td colspan="2">≤3.0</td><td colspan="2">≤3.0</td><td></td></tr>
<tr><td>7</td><td>氧化钙（%）</td><td colspan="2">≤10</td><td colspan="2">≤10</td><td></td></tr>
<tr><td>8</td><td>游离氧化钙（%）</td><td colspan="2">≤1.0</td><td colspan="2">≤1.0</td><td></td></tr>
<tr><td>9</td><td>关键指标</td><td>放射性</td><td colspan="2">合格</td><td colspan="2">—</td><td>—</td><td>新增指标</td></tr>
</table>

粒化高炉矿渣粉质量控制指标

表 3-4

<table>
<tr><th rowspan="2">序号</th><th rowspan="2">指标类别</th><th colspan="2" rowspan="2">检验项目
（单位）</th><th rowspan="2">控制精度</th><th colspan="2">相 关 规 范</th><th rowspan="2">备　　注</th></tr>
<tr><th>规范规定值
或允许偏差</th><th>来源</th></tr>
<tr><td>1</td><td>关键指标</td><td colspan="2">密度（g/cm³）</td><td>≥2.8</td><td>—</td><td>—</td><td>新增指标</td></tr>
<tr><td>2</td><td rowspan="3">一般指标</td><td colspan="2">比表面积（m²/kg）</td><td>350 ~ 500</td><td>350 ~ 500</td><td rowspan="3">用于水泥、砂浆和混凝土中的粒化高炉矿渣粉（GB/T 18046—2008）</td><td></td></tr>
<tr><td rowspan="2">3</td><td rowspan="2">活性指数
（%）</td><td>7d</td><td>≥75</td><td>≥75</td><td></td></tr>
<tr><td>28d</td><td>≥95</td><td>≥95</td><td></td></tr>
<tr><td>4</td><td>关键指标</td><td colspan="2">流动度比（%）</td><td>≥95</td><td>—</td><td>—</td><td>新增指标</td></tr>
</table>

续上表

序号	指标类别	检验项目（单位）	控制精度	相关规范：规范规定值或允许偏差	相关规范：来源	备注
5	一般指标	含水量（%）	≤1.0	≤1.0	《用于水泥、砂浆和混凝土中的粒化高炉矿渣粉》（GB/T 18046—2008）	
6		三氧化硫（%）	≤4.0	≤4.0		
7		氯离子（%）	≤0.02	≤0.02		
8		烧失量（%）	≤3.0	≤3.0		
9	关键指标	玻璃体含量（%）	≥85	—	—	新增指标
10		放射性	合格	—	—	

粗集料质量控制指标 表3-5

项目	指标类别	检验项目（单位）	控制精度：C50以下	控制精度：C50以上	相关规范：规范规定值或允许偏差	相关规范：来源	备注
1	关键指标	颗粒级配（合成）	公称粒径不超过25mm连续级配，节段梁公称粒径不超过20mm		—	—	新增指标
2		含泥量（%）	<0.8	<0.5	<1.0	《公路桥涵施工技术规范》（JTG/T F50—2011）	
3		泥块含量（%）	<0.25	<0.25	<0.5		
4		坚固性（%）	<8	<5	<8		
5		硫化物及硫酸盐（%）	<0.5	<0.5	<1.0		
6		氯离子（%）	<0.02	<0.02	—	—	新增指标
7	一般指标	有机物含量（比色法）	合格		合格	《公路桥涵施工技术规范》（JTG/T F50—2011）	
8	关键指标	岩石抗压强度/混凝土强度	≥2.0		≥1.5		
9		针片状颗粒（%）	<7	<7	≤7		
10		碎石压碎指标（%）	<18（JTG/T F50—2011）	<18（JTG/T F50—2011）	<20		
11	一般指标	表观密度（kg/m^3）	>2500	>2500	>2500		
12	关键指标	松散堆积密度（kg/m^3）	>1500		>1350		
13		空隙率（%）	<40		<47		
14	一般指标	吸水率（%）	<2		<2.0		
15		碱集料反应（膨胀率）（%）	<0.1		<0.1		

细集料质量控制指标 表3-6

序号	指标类别	检验项目（单位）	控制精度	相关规范：规范规定值或允许偏差	相关规范：来源	备注
1	关键指标	含泥量（%）	<1	≤3.0	《公路桥涵施工技术规范》（JTG/T F50—2011）	
2		泥块含量（%）	<0.5	≤1.0		
3		云母（%）	<0.5	≤2.0		
4		轻物质（%）	<0.5	≤1.0		

续上表

序号	指标类别	检验项目（单位）	控制精度	相关规范：规范规定值或允许偏差	相关规范：来源	备注
5	一般指标	有机物	合格	合格	《公路桥涵施工技术规范》（JTG/T F50—2011）	
6	关键指标	硫化物及硫酸盐（%）	<0.5	≤1.0		
7	一般指标	氯离子（%）	<0.02	<0.02		
8	关键指标	表观密度（kg/m^3）	>2500	>2500		
9		坚固性（%）	<8	≤8		
10	一般指标	松散堆积密度（kg/m^3）	>1350	>1350		
11		碱集料反应（膨胀值）（%）	<0.1	<0.1		
12		松散堆积空隙率（%）	<47	<47		
13		2.36mm筛孔的累计筛余量（%）	<15	<15		
14		0.3mm筛孔的累计筛余量（%）	85~92	85~92		
15	关键指标	通过0.16mm筛孔的含量（%）	<5	—	—	新增指标
16	关键指标	细度模数	2.6~3.1	2.3~3.0	JTG/T F50	

外加剂质量控制指标 表3-7

序号	指标类别	检验项目（单位）		控制精度：早强型	控制精度：标准型	控制精度：缓凝型	相关规范（规范规定值或允许偏差）：早强型	相关规范（规范规定值或允许偏差）：标准型	相关规范（规范规定值或允许偏差）：缓凝型	相关规范：来源	备注
1	关键指标	减水率（%）		≥28			≥20			《混凝土外加剂》（GB 8076—2008）	
2	一般指标	含气量（%）		用于配制抗冻混凝土时≥4.5，用于配制非抗冻混凝土时≥3.0			用于配制抗冻混凝土时≥4.5，用于配制非抗冻混凝土时≥3.0				
3	关键指标	泌水率比（%）		≤60			≤90				
4	一般指标	凝结时间之差（min）	初凝	-90~+90	-90~+120	>+90	-90~+90	-90~+120	>+90		
5			终凝			—	—		—		
6	关键指标	1h经时变化量（%）	坍落度	1h后坍落度损失小于初始值的10%			—				新增指标
7		抗压强度比（%）	1d	≥180	≥170	—	—			《混凝土外加剂》（GB 8076—2008）	
8			3d	≥170	≥160	—	≥130				
9			7d	≥145	≥150	≥140	≥125				
10			28d	≥130	≥140	≥130	≥120				
11		收缩率比（%）		≤100			≤135				
12	一般指标	氯离子含量（%）		≤0.02			≤0.02				
13		碱含量（$Na_2O+0.658K_2O$）（%）		≤10.0			≤10.0				
14		硫酸钠（%）		≤5.0			≤5.0				

续上表

序号	指标类别	检验项目(单位)	控制精度			相关规范				备注
						规范规定值或允许偏差			来源	
			早强型	标准型	缓凝型	早强型	标准型	缓凝型		
15	关键指标	含固量(%)	≥20%			—			—	新增指标
16	一般指标	pH 值	在生产厂控制范围内			在生产厂控制范围内			《混凝土外加剂》(GB 8076—2008)	
17		密度(g/cm³)	$D>1.1$,应控制在 $D\pm0.03$;$D\leqslant1.1$,应控制在 $D\pm0.02$			$D>1.1$,应控制在 $D\pm0.03$;$D\leqslant1.1$,应控制在 $D\pm0.02$				
18		水泥净浆流动度	不应小于生产厂控制值的95%			不应小于生产厂控制值的95%				
19		相对耐久性指标(200次,%)	≥80			≥80				

注:D 为密度的生产厂控制值

拌和水、养护用水质量控制指标 表3-8

序号	指标类别	检验项目	控制精度			相关规范				备注
						规范规定值或允许偏差			来源	
			预应力混凝土	钢筋混凝土	素混凝土	预应力混凝土	钢筋混凝土	素混凝土		
1	关键指标	pH 值	≥5.0			≥5.0	≥4.5	≥4.5	《公路桥涵施工技术规范》(JTG/T F50—2011)	
2	一般指标	不溶物(mg/L)	≤2000	≤2000	≤5000	≤2000	≤2000	≤5000		
3	一般指标	可溶物(mg/L)	≤2000	≤5000	≤10000	≤2000	≤5000	≤10000		
4	关键指标	氯化物(mg/L)	≤300			≤500	≤1000	—		
5	关键指标	硫酸盐(mg/L)	≤500			≤600	≤2000	—		
6	一般指标	碱含量(mg/L)	≤1500	≤1500	≤1500		≤1500	≤1500		
7	关键指标	凝结时间差(min)	初凝 / 终凝	≤30		—			—	新增指标
8	关键指标	抗压强度比(%)	3d	≥90		—				

混凝土配合比控制指标

表 3-9

序号	指标类别	检查项目		控制精度	相关规范	
					规范规定值或允许偏差	来源
1	关键指标	最大水胶比	C30	0.40	0.55	《公路桥涵施工技术规范》(JTG/T F50—2011)
			C35	0.40	0.50	
			C40	0.38	0.45	
			C50	0.35	0.36	
			C55	0.32	0.32	
2	关键指标	最小胶凝材料用量(kg/m^3)	C30	340	280	
			C35	380	300	
			C40	380	320	
			C50	450	360	
			C55	450	380	

混凝土配料控制指标

表 3-10

序号	指标类别	检查项目	控制精度	相关规范	
				规范规定值或允许偏差	来源
1	关键指标	水泥和干燥状态的混合材料(%)	±1	±1	《公路桥涵施工技术规范》(JTG/T F50—2011)
2		粗、细集料(%)	±1.5	±2	
3		水、外加剂溶液(%)	±1	±1	

3.4 精度保障

3.4.1 原材料质量控制的基本保障

(1)混凝土用原材料的采购厂家、料源必须报审,其产能、质量等应满足要求,得到监理工程师的书面批准后方可选用。

(2)集料的质量应符合现行国家标准《建设用砂》(GB/T 14684—2011)《建设用卵石、碎石》(GB/T 14685—2011)和《公路桥涵施工技术规范》(JTG/T F50—2011)的有关规定。

(3)粗集料应采用二级破碎(栅筛+鄂破+反击破)生产,并应配有除尘设备。在碎石加工厂,各种规格碎石应分仓堆放,不得混堆。应选用质地均匀、坚硬,粒形良好、级配合理、吸水率低、线胀系数小、空隙率小的洁净优质碎石,如石灰岩、花岗岩或玄武岩碎石。

(4)应选用颗粒坚硬、级配良好、质地均匀、吸水率低、孔隙小、强度高、耐风化的天然河砂,不得使用山砂、人工砂或风化严重的多孔砂,对墩柱、箱梁、塔柱等外观质量要求高

的结构混凝土部位,使用前应过筛。

(5)所采用的化学外加剂,必须是经过有关部门检验并附有检验合格证的产品,各种化学外加剂应有厂商提供的推荐掺量、主要成分(包括复配组分)的化学名称、氯离子含量百分比、含碱量,以及施工中必要的注意事项,如超量或欠量使用时的有害影响、掺和方法和成功的使用证明等,其质量及性能指标应符合《混凝土外加剂》(GB 8076—2008)、《公路桥涵施工技术规范》(JTG/T F50—2011)表4-7-1 的规定。使用前应复验其效果,使用时应遵照产品说明、《混凝土外加剂应用技术规范》(GB 50119—2013)及本规范关于混凝土配合比、拌制、浇筑等各项规定。

(6)水中不应含有影响水泥正常凝结与硬化的有害杂质及油脂、糖类、游离酸类、碱、盐、有机物或其他有害物质。

3.4.2 混凝土配合比设计

高性能混凝土配制原则:

(1)选用高性能减水剂,取用偏低的拌和水量。

(2)限制混凝土中胶凝材料的最低和最高用量,为此应特别重视混凝土集料的全级配设计以及粗集料的粒形要求。应采用连续级配,形成骨架密实结构。

(3)在满足单方混凝土中胶凝材料最低用量要求的前提下,尽可能降低胶凝材料中的硅酸盐水泥用量,通过掺加优质粉煤灰、磨细粒化高炉矿渣粉,以降低混凝土水化绝热温升。

(4)重要结构部位的大体积混凝土施工,应在配合比确定后进行混凝土力学、热学性能的测定(如弹性模量、劈裂抗拉强度、绝热温升),并根据现场实际工况进行大体积混凝土温度、应力场模拟计算,验证大体积混凝土的抗裂安全系数。

(5)高性能混凝土应掺用粉煤灰、粒化高炉矿渣粉等矿物掺合料;要求掺合料质量稳定,并附有品质的性能参数及质量检验证书;掺量必须通过试验论证。

(6)混凝土的试配强度,应根据设计规定的混凝土强度等级、施工条件的差异和材料质量可能的波动等综合确定。

(7)对于承台、墩身、箱梁、塔座等大体积混凝土,在试配阶段应进行混凝土抗裂性能的对比试验,从中优选抗裂性能良好的混凝土原材料及配合比。

(8)在混凝土的试配阶段,除进行常规试验外,尚应对其耐久性性能进行检验,应根据不同要求和处于不同环境作用下的工程,对混凝土拌合物进行相应的检验。

(9)夏季、冬季施工采用不同混凝土配合比。

(10)配合比工作结束后,承包人应提出每种配合比的详细资料,包括强度,耐久性试验指标,所有原材料的品种、规格与来源,各集料的级配,混合级配,配合比参数,水灰(胶)比,集料—胶凝材料比,用水量,坍落度,与施工方法、混凝土结构类型、配筋及尺寸有关系的混凝土工作性能,混凝土施工及养护工艺等,报请监理人批准。承包人在随后的施工过程中应保持这些技术参数进行施工,除非监理人同意,否则不得更改。

(11)当混凝土原材料的来源或质量有改变时,必须重新进行配合比设计。

(12)对于预应力混凝土的抗压弹性模量、自由收缩和徐变试验应按设计要求的标准另行制备试件,进行试验。如设计未要求,则参照相关规范要求进行。

(13)大体积混凝土在选用原材料和进行配合比设计时,应按照降低水化热温升的原则进行。

(14)在综合考虑满足混凝土强度、耐久性、工作性及水化热等条件下,优化掺合料掺量和胶凝材料的组成。

(15)经试拌校正,确定混凝土的工作性能,混凝土坍落度或坍落扩展度 1h 损失满足要求。

(16)按确定的配合比制作试件,必要时调整混凝土配合比参数,对混凝土性能进行试验校核。

3.4.3 混凝土配料

(1)粗、细集料中的含水率在施工前必须及时测定,并按照实测值调整用水量和粗、细集料用量。混凝土在拌和时,按选定的理论配合比换算成施工配合比,计算每盘混凝土中各种材料的实际用量。

(2)在本项目施工过程中,搅拌站统一安装了监控动态管理软件,实行施工、监理、业主三级报警,并将每盘搅拌数据上传至信息平台。

3.4.4 混凝土的搅拌

(1)应采用搅拌效率高、均质好的双卧轴式全自动强制搅拌机,搅拌设备必须经过监理工程师的批准。搅拌设备应能自动控制进料和出料,并自动控制混合料的搅拌时间;具备搅拌数据自动采集系统。所有搅拌设备都应始终保持良好的状况。

(2)从所有材料进搅拌机到混凝土从搅拌机排出的最短连续搅拌时间不少于 150s。

(3)在正式混凝土搅拌前,应对试验室提供的混凝土配合比进行试生产,检验配合比的实际应用效果,并对施工工艺进行最终确认和预演。

3.4.5 混凝土的运输

(1)混凝土拌和物运(泵)送到浇筑地点时,应不离析、不分层、不泌水并保证施工要求的工作性。

(2)为了避免日晒、雨淋和寒冷气候对混凝土质量的影响,应将运输混凝土的容器套上遮盖物。

(3)应根据现场施工条件选择合适的混凝土运输方式,以确保混凝土在浇筑前的工作性能满足要求。

(4)从加水搅拌到混凝土入模的运输最长时间,应由试验室根据水泥初凝时间及施工气温确定,并应符合表3-11的规定。

混凝土拌和物运输时间限制 表3-11

环境温度(℃)	无搅拌运输时间(min)	有搅拌运输时间(min)
>20	≤30	≤60
10~20	≤45	≤75
<10	≤60	≤90

3.4.6 混凝土的浇筑

(1)施工前先按照2.5m间距布置好布料点,施工中按照布料点进行布料,防止出现赶料。

(2)混凝土浇筑前在界面采用喷壶洒水,确保混凝土截面湿润。

(3)混凝土通过分料器和串筒进行布料,自由落差高度控制在80cm以下,防止浆液飞溅在模板面凝固而影响拆模后的外观质量。

(4)分层下料厚度按不超过40cm控制,在振动泵上粘贴插入深度标高线便于振捣过程中控制,确保上层振捣时泵条伸入下层混凝土,避免出现施工缝、分层线现象。

(5)每个构件施工准备前,召开施工准备会,对振捣人员区域责任划分,明确责任,实行网格化管理。

(6)混凝土浇筑完成后,静停30min后对顶口混凝土进行复振,能有效控制顶口混凝土的气泡现象。

(7)塔柱混凝土振捣采用B50振动棒和B70振动棒配合使用。振捣时,振动棒应插入下一层超过10cm,振动棒要快插慢抽,B50振动棒移动间距不大于45cm,B70振动棒移动间距不大于75cm;每一次振动时间控制在25s,振动完毕后,边振动边缓慢拔出振动棒。

3.4.7 混凝土的养护

高性能混凝土养护与拆模:

1)控制指标

(1)覆盖浇水养护

①覆盖浇水养护在混凝土浇筑完毕后的12h内进行。

②对于掺用缓凝型外加剂、矿物掺合料或有抗渗性要求的混凝土,浇水养护时间不得少于14d。

③养护用水与混凝土表面温差小于等于15℃。

④当气温低于5℃时,应采取保温养护的措施,不得向混凝土表面洒水。

(2)薄膜养护

①薄膜需不透水、气。

②混凝土表面敞露的部分需全部严密地覆盖起来。

③保持薄膜布内有凝结水。

(3)薄膜养生液养护

①薄膜养生液不能与混凝土发生化学反应。

②养生液涂刷均匀,厚度满足设计及规范要求。

(4)温控与拆模

①混凝土内部最高温:夏季为75℃,冬季为60℃。

②混凝土内外温差不超过25℃。

③拆模时表面与环境温差小于等于15℃。

2)保证措施

(1)主墩承台冬期施工时,混凝土浇筑完成后,表面立即覆盖4层土工布,上方2m左右用彩条布搭设暖棚(图3-2);采用冷却水管出水口温水作为养护用水。

(2)主墩塔柱冬期施工时,节段混凝土顶面覆盖棉被或者麻袋保温,混凝土顶面外围主筋裹1.5m高油布用以防风保温(图3-3);根据天气情况放置暖风机。

(3)引桥墩身施工时,顶面覆盖土工布进行蓄水养护,拆模后悬挂土工布加塑料薄膜双包裹养护。

(4)为缩短拆模时间,主塔混凝土浇筑完成48h后,将模板松开1cm的间隙,进行滴灌,加快表面混凝土散热速率(图3-4);混凝土表面与大气环境温差小于15℃时拆模,拆模前将塔柱一周用防火油布围起来,油布内放置暖风机,营造拆模后小环境;拆模后在油布内涂刷养护液;爬模操作平台和修饰平台设置2层防风油布,实现塔柱14天不间断养护。

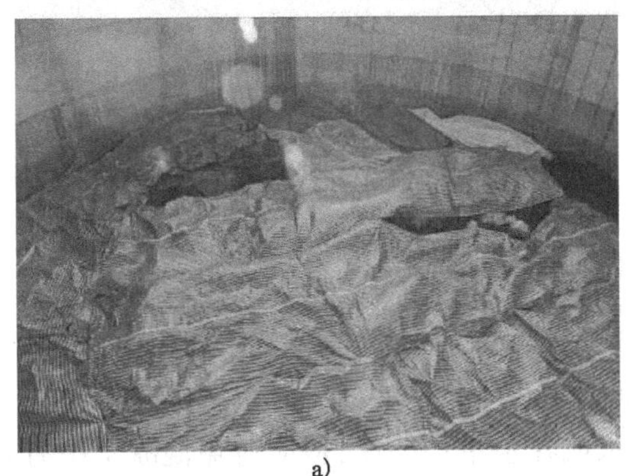
a)

b)

图3-2 搭设暖棚养护

图3-3 主塔节段混凝土顶面养护

a)

b)

图3-4 松模后顶口滴灌

3.4.8 炎热季节混凝土施工

(1)混凝土的入模温度对裂缝控制非常重要。为避免混凝土因温度过高而开裂,搅拌站必须配备制冰机(图3-5)。开盘前应检测各种混凝土原材料的温度,计算混凝土的出机温度。在浇筑前的混凝土温度不应超过28℃。

①注意集料及其他组成成分的遮阴或围盖和冷却,控制水泥温度不宜超过50℃,避免使用刚出厂的新鲜水泥。

②在生产及浇筑时注意对配料、运送、泵送及其他设备的遮阴或冷却。

③集料堆场搭设遮阳棚,并对集料进行冷却处理。

a)

b)

图 3-5　制冰机降低温度

④使用低温水拌和,如使用制冷机组制冷水或在水中加碎冰,但应避免混凝土中有未融化的冰块。

⑤合理安排工期,超大体积混凝土施工尽量避开夏季,一天中选择夜间气温较低的时间施工。

⑥使用缓凝减水剂,尽量推迟水化热温峰。

⑦优化夏季施工配合比,尽量降低混凝土水化热温升。

⑧与混凝土接触的模板、钢筋、钢法兰盘及其他表面,在浇混凝土前应冷却至 30℃以下。

(2)当相对湿度小、风速大、阳光强烈时,混凝土浇筑后上表面应立即用塑料薄膜覆盖,防止水分蒸发,待抹面时卷起薄膜并再次覆盖,至终凝后撤除薄膜并立即进行保湿或蓄水养护(图 3-6)。

a)

b)

图 3-6　墩顶混凝土覆盖土工布蓄水养护

(3)为避免温度裂缝,拆模时混凝土表面与内部最高温度之差应小于 20℃,且不能在新拆模混凝土表面浇凉水,以免造成冷击。

3.4.9　低温季节混凝土施工

(1)在日平均气温连续5d稳定低于5℃时的低温季节施工,应重点做到防风及保温、保湿养护。混凝土工程施工除其材料及施工要求应符合规范有关规定外还要保证混凝土在浇筑后的7d内温度不低于10℃。

(2)不得向裸露的混凝土直接洒水,应采用塑料薄膜外加保温材料进行保温、保湿养护(图3-7)。

a)

b)

图3-7　土工布+塑料薄膜养护

(3)保温材料要严密覆盖,接缝处要重叠覆盖不少于300mm,边角处要加倍保温。

(4)混凝土表面温度与环境温度之差大于15℃时应推迟拆模时间,宜选择当日气温较高时段拆模并立即采取保温措施。

(5)养护用水与混凝土表面温度差大于15℃时,应加热养护水。

(6)当出现气温骤降时(日平均气温在3d内连续下降累计6℃以上),28d龄期内的混凝土必须进行表面保温。

(7)在已硬化的混凝土上继续浇筑混凝土时,结合面的温度至少应有5℃,且在浇筑混凝土过程中仍应维持5℃或以上的温度。

(8)搅拌站必须具备对拌和用水进行加热的功能。

第 4 章　大体积混凝土温度控制

4.1　概述

根据规范定义，桥梁的承台以及桥塔由于尺寸较大，都隶属于大体积混凝土构件。在常规施工中，构形简洁的承台构件的温控理论较为成熟，但由于养护周期较长、环境变化复杂，温度控制存在失效风险，因此对中间管控提出了较大的挑战。

桥梁塔柱由于采用高标号混凝土，水化热量高、水化反应迅速，内部温升远高于承台构件，极易产生大量的内部及表面的开裂现象，对塔柱的耐久性造成不利影响，由于缺少针对塔柱温度与裂缝控制的指导规程及技术经验，部分塔柱在建设中从降低水化热量或者表面养护等方面做了一些尝试，但受季节变动大的影响以及单节塔柱养护工期短的条件限制，难以取得较好的控制效果。

芜湖二桥在全塔柱范围内开展了温度控制，优化材料配比、增加管冷降温、增加表面保温与养护，并埋设温度传感器，以测试温度指导现场施工，取得了较好的控制效果，消除了开裂现象，索塔构件拆解及说明见表 4-1，以下对控制技术进行介绍。

索塔构件拆解说明　　表 4-1

简　　图	结构形式	说　　明
	空心柱	用于布置同向回转鞍座，由下至上截面逐渐变小，壁厚较厚，水化蓄热较多，内表控制难
	薄壁 + 实心分肢	分肢薄壁构造，截面细长，每肢两端为大实心，实心间设置两薄壁连接，实心与薄壁差异化受力控制难度大
	薄壁方横梁	两分肢之间采用矩形薄壁大箱的横梁进行连接，横梁与分肢耦合水化效应复杂
	井字形塔柱与横联	下方横联与分肢塔柱连接，形成井字形结构，分肢及横联各位置水化效应复杂
	大体积承台与塔座	标准大体积混凝土构件，实施周期贯穿整个冬季，管控难度大

4.2　标准工序

承台及塔座温度控制工序见图4-1,塔柱温控工序见图4-2。

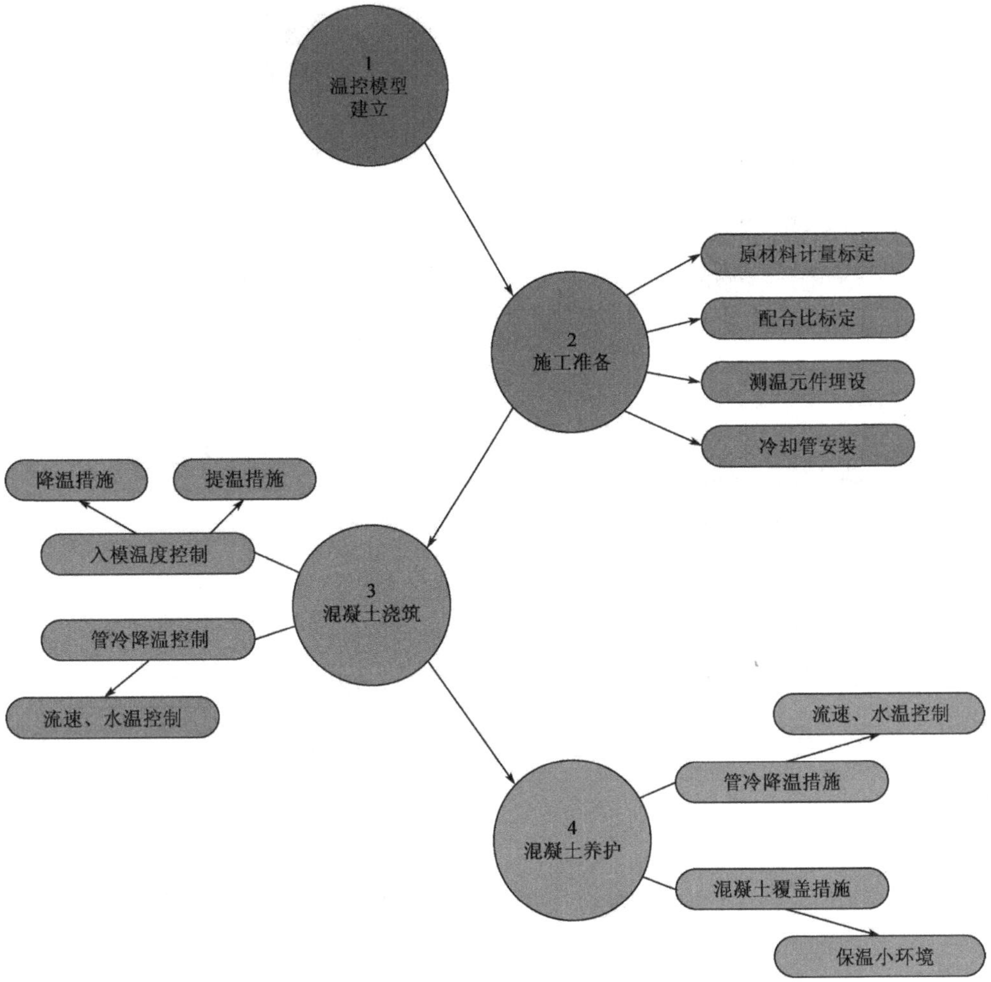

1
温控模型
建立

2
施工准备

原材料计量标定
配合比标定
测温元件埋设
冷却管安装

3
混凝土浇筑

入模温度控制
降温措施
提温措施
管冷降温控制
流速、水温控制

4
混凝土养护

管冷降温措施
流速、水温控制
混凝土覆盖措施
保温小环境

图4-1　承台及塔座温度控制工序流程图

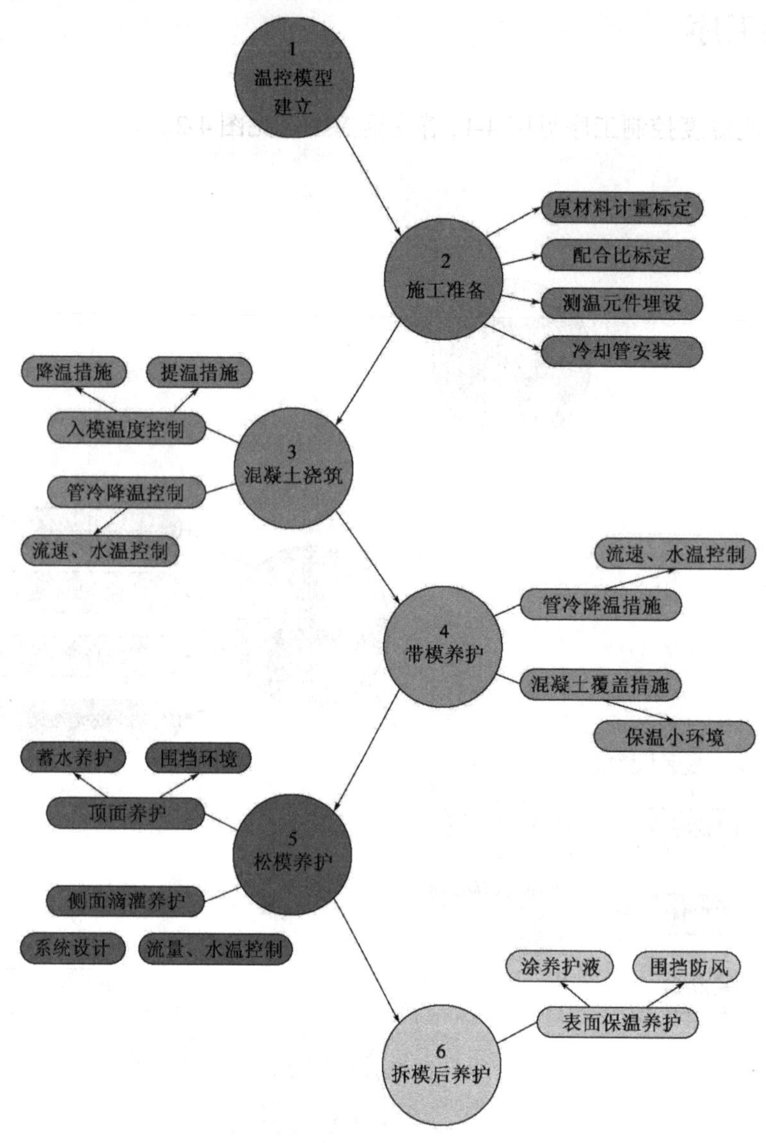

图4-2　塔柱温控工序流程图

4.3　精度指标

大体积混凝土温度控制精度指标包括：温控建模指标（表4-2）、温控元件指标（表4-3、表4-4）、混凝土浇筑过程温控指标（表4-5）、冷却水温控指标（表4-6）、混凝土养护期温控指标（表4-7）等。

温控建模指标　表 4-2

序号	指标类别	指标名称	控制精度	相关规范		备注
				规定值或允许偏差	来源	
1	关键指标	容许拉应力	$f_{tk}(t)=f_{tk}(1-e^{-0.3t})$	—	—	新增指标
2		内部最高温	相对温升小于等于45℃且不大于70℃	≤75℃	《公路桥涵施工技术规范》(JTG/T F50—2011)	
3		表环温差	≤15℃	≤15℃		
4		拉应力安全系数	≥1.15	—	—	新增指标

注：1. 容许拉应力对应公式中 $f_{tk}(t)$ 为 t 龄期混凝土抗拉应力，f_{tk} 为混凝土抗拉强度标准值，t 为龄期；

2. 各规范对温控建模无要求及相应指标；

3. 施工中温峰控制除满足上表要求外，以模型计算温峰值控制。

承台及塔座温控元件相关参数要求　表 4-3

序号	指标类别	指标名称	控制精度	相关规范	
				规定值或允许偏差	来源
1	一般指标	元件温度精度(℃)	25℃环境下≤0.3	25℃环境下≤0.3	《公路桥涵施工技术规范》(JTG/T F50—2011)
2		元件测试温度范围(℃)	-30~120	-30~150	
3		元件电阻(MΩ)	>500	>500	
4	关键指标	测试轴线上测点(个)	≥4	≥4	
5		混凝土厚度上测点(个)	≥5	≥3 且间距≤600mm	
6		入模温度测试频率(次)	每小时≥2	每台班≥2	
7		浇筑后测试频率(次)	前7d每昼夜≥24,7d后每昼夜8次	每昼夜≥4	

塔柱温控元件相关参数要求　表 4-4

序号	指标类别	指标名称	控制精度	相关规范		备注
				规定值或允许偏差	来源	
1	一般指标	元件温度精度(℃)	25℃环境下≤0.3	25℃环境下≤0.3	《公路桥涵施工技术规范》(JTG/T F50—2011)	
2		元件测试温度范围(℃)	-30~120	-30~150		
3		元件电阻(MΩ)	>500	>500		
4	关键指标	内部最高温测点(个)	≥2	—	—	新增指标
5		表面最高温测点(个)	≥3	—		
6		入模温度测试频率(次)	每小时≥2	每台班≥2	《公路桥涵施工技术规范》(JTG/T F50—2011)	
7		浇筑后测试频率(次)	前7d每昼夜≥24,7d后每昼夜8次	每昼夜≥4		

浇筑准备阶段混凝土指标 表 4-5

序号	指标类别	指标名称	控制精度	相关规范		备注
				规定值或允许偏差	来源	
1	一般指标	夏季粗集料温度(℃)	<18	—	—	新增指标
2		混凝土浇筑前温度(℃)	5~28	5~28	《公路桥涵施工技术规范》(JTG/T F50—2011)	
3	关键指标	混凝土入模温度(℃)	≥5 且≤28	≥5 且≤28~32		
4						
5		新旧混凝土层间温差(℃)	<20	<20		
6	关键指标	入模 30min 内最大温升(℃)	<30	<30		
7		入模 30min 内部最高温(℃)	≤70	≤75		
8		入模 30min 内内表温差(℃)	≤25	—	—	新增指标
9	一般指标	相接触介质最高温度(℃)	≤30	≤40	《公路桥涵施工技术规范》(JTG/T F50—2011)	
10		分层浇筑厚度(mm)	≤300	≤300		

冷却水温控指标 表 4-6

序号	指标类别	指标名称	控制精度	相关规范		备注
				规定值或允许偏差	来源	
1	一般指标	通水流量(L/min)	单根水管流量不小于20(形成紊流)	—	—	新增指标
2	关键指标	进出口水温差(℃)	水温大于5且不间断通水或<10	10 左右	—	新增指标
3		入水与混凝土温差(℃)	≤10	≤20	《公路桥涵施工技术规范》(JTG/T F50—2011)	
4		降温速率(℃/d)	≤2.0	≤2.0		

混凝土实体温控指标 表 4-7

序号	指标类别	指标名称	控制精度	相关规范		备注
				规定值或允许偏差	来源	
1	一般指标	内部温升峰值(℃)	小于环境平均温度+45且不大于70	≤75	《公路桥涵施工技术规范》(JTG/T F50—2011)	新增指标
2		内表温差(℃)	≤25	≤25		
3	关键指标	表环温差(℃)	≤15	≤25		
4		蓄水与混凝土顶面温差(℃)	-10~10	—	—	新增指标
5		喷淋养护水与混凝土侧面温差(℃)	≤15	≤15	《公路桥涵施工技术规范》(JTG/T F50—2011)	

续上表

序号	指标类别	指标名称	控制精度	相关规范		备注
				规定值或允许偏差	来源	
6	关键指标	拆模表环温差(℃)	≤15	—	—	新增指标
7		保温覆盖拆除表环温差(℃)	≤5	—		

4.4 精度保障

4.4.1 温控建模分析

(1)根据承台配合比、施工方案等设计资料,结合施工所处的水文气象条件,在不同工况下,利用有限元仿真模型进行计算,通过计算分析,优化施工方案,为温控措施的制定提供直接依据,为工艺创新提供理论基础,为监测管控优化提供技术支撑。

(2)承台施工温控最为重要的是进行内部最高温度以及与环境温差的控制,通过精准分析,采用3层浇筑法,并对覆盖管冷措施进行(图4-3)充分设计,严格控制内表温差,以避免承台混凝土出现干缩裂缝及有害温度裂缝。

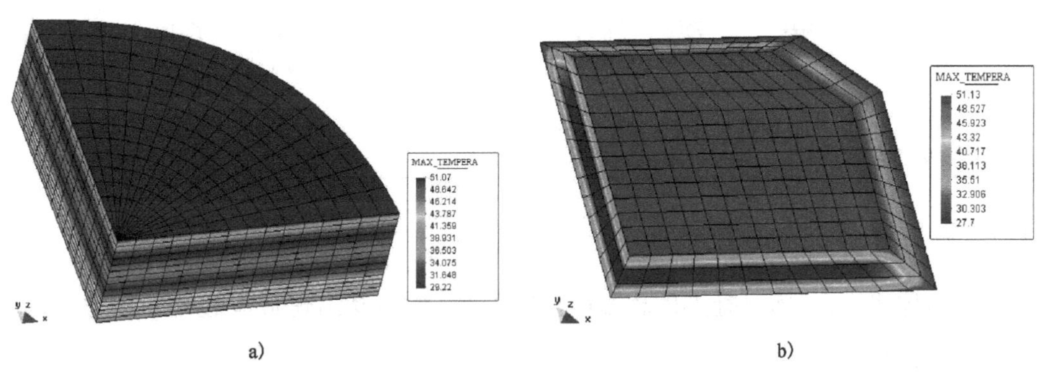

a)

b)

图4-3 承台最高温度包络图

(3)由于塔柱混凝土强度较高,水泥用量较多,混凝土内部温升极值较大,如图4-4及图4-5所示,为保证混凝土质量,降低混凝土温峰值,限制裂缝的产生或发展,根据各节段塔柱施工条件,建立有限元模型,比较不同施工方案下的建模,优化施工方案,制定合理温控措施。

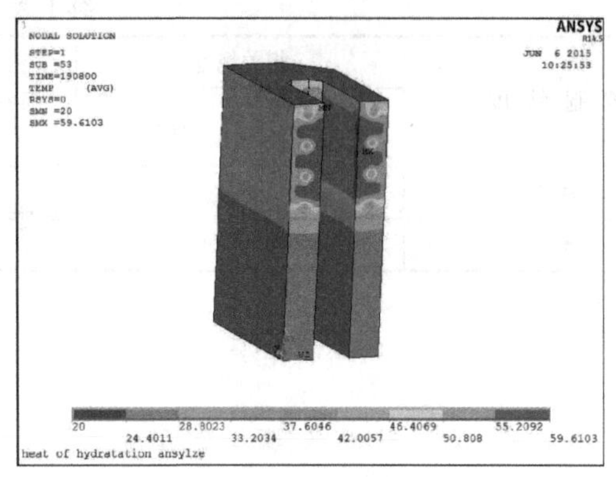

图4-4　塔柱温度场分布

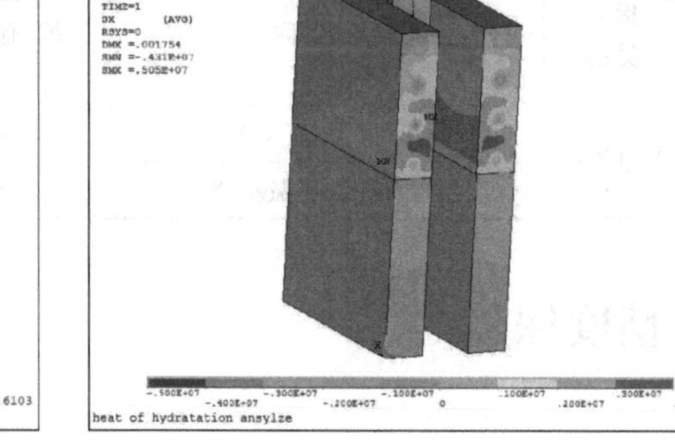

图4-5　塔柱应力场分布

4.4.2　混凝土配合比设计

(1)通过配合比试验优先选择满足相关指标要求及塔柱大体积混凝土温控要求的配合比,以塔柱大体积混凝土施工为例,采用双掺混凝土,见表4-8。

(2)通过对材料进行精细要求,可以提高混凝土的品质,提高表面抗裂性能。

混凝土配合比与绝热温升一览表　　表4-8

强度等级	项目	水泥	砂	碎石	粉煤灰	矿粉	外加剂	水	绝热温升(℃)
C50	材料产地	海螺	赣江	江西彭泽	铜陵	马鞍山	博特	长江水	—
	材料规格	PⅡ42.5	细度模数2.8	5–25	一级	S95	聚羧酸	洁净	—
	配合比(kg/m^3)	336	714	1072	96	48	5.76	154	57.6

4.4.3　温度数据采集保证措施

根据温控建模,明确混凝土最高温度出现位置,找出易出现最大温差的地方,在采集温度数据时,根据建模资料,确定合理的埋设测点。测点位置要求能反映最不利温度状态以及各个关键位置温度情况。

1)使用高精度、高灵敏温度采集器,采集混凝土内部温度时使用大体积混凝土温度测试仪,采集混凝土外部温度时使用数字式温度表。

2)测温元件布设

以分为3层浇筑的承台为例,为了解承台混凝土内部温度分布规律,同时给现场温控措施提供可靠的数据,根据承台混凝土对称的结构特点,选取承台的1/4块布置测点。

共布设3层测点,每层11个测点,共33个。第一层测点布设在第一节混凝土(2m厚)中间部位,距离封底混凝土100cm处,如图4-6所示。第二层和第三层测点为避开冷

却水管，将测点布设在该节混凝土（3m 厚）中心偏下的位置，即距上一节混凝土 100cm 处。塔座一次浇筑，测点在竖向及横向布置，共 12 个测点，如图 4-7 所示。

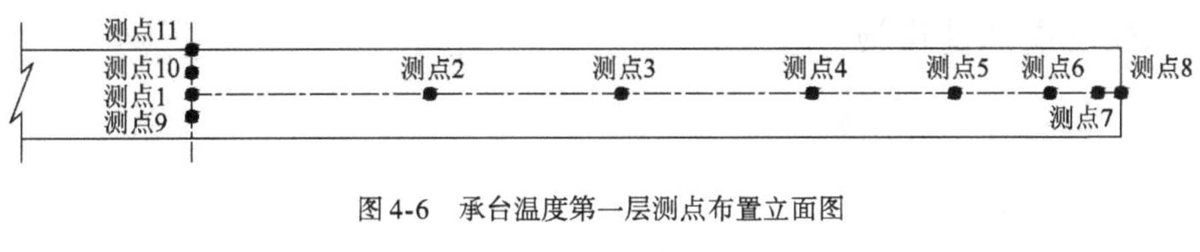

图 4-6　承台温度第一层测点布置立面图

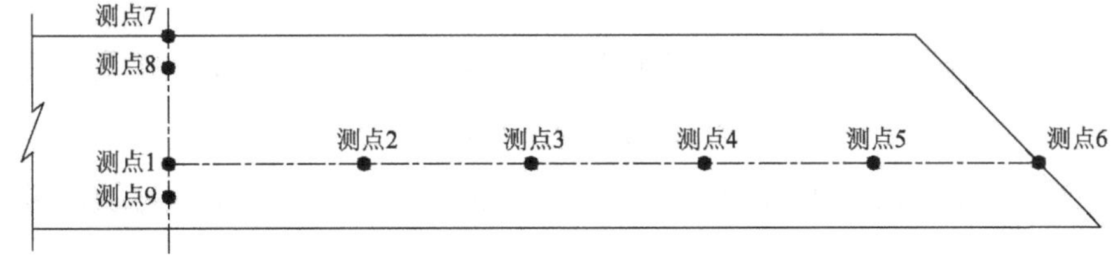

图 4-7　塔座温度测点布置立面图

3）塔柱温控元件布设

根据塔柱大体积混凝土的特殊性，综合考虑塔柱截面特点，内、表最高温度测点布置位置需根据精确的理论分析结论进行选取，并通过前期的加密测试验证后予以实施，确保能够捕捉到结构的最高温度，并且应布设足量的环境温度测点，要能够准确反映混凝土内部最高温度、混凝土表面温度、内表温差、表环温差等值，切实指导塔柱施工，常规塔柱测点数量在每节 8～12 个，如图 4-8 所示。

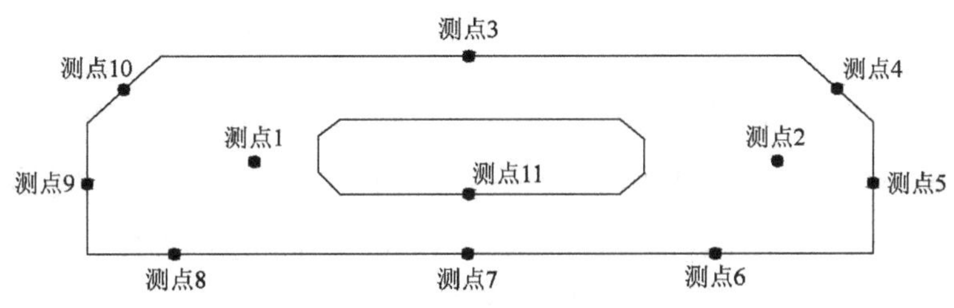

图 4-8　塔柱标准节段温控元件布设示意图

4）预埋测温元件的保护

施工过程中要确保元件成活率达 90% 以上，所有测试元件接头安装均位置准确、固定牢固，并与结构钢筋及固定架金属体绝热；所有测试元件的引出线均集中布置，并在测试元件周围采取保护措施。混凝土浇筑过程中，下料及振捣均避开测试元件。

5）温度数据采集

在混凝土浇筑前完成传感器的选购及铺设工作，并将屏蔽信号线连接到测温仪器，传感器测头采用型钢保护；各项测试工作在混凝土浇筑后立即进行，连续不断。混凝土的温度测试，在混凝土浇筑完成后每小时采集一次，连续监测7d，7d后每4h监测一次，持续5d，然后转入每天测2次，直到温度变化基本稳定。

4.4.4 入模温度保证措施

1）夏季入模温度控制措施

（1）拌和水降温

拌和用水采用长江水泵送至搅拌站蓄水池，再从蓄水池泵送至搅拌站水箱中。送水管道用保温材料包裹；在蓄水池和水箱上方搭设遮阳棚，避免拌和水直接受阳光暴晒。尽量使用新鲜的江水，避免拌和用水在水箱中长期存放。

若拌和水温不能满足入模温度要求，在浇筑前2h在蓄水池中加入冰块降温。具体用量根据热工计算结果确定。

（2）水泥温度控制

控制水泥出厂温度，提前和厂家沟通，要求水泥生产厂家供应的水泥要在厂里放置一段时间，待水泥温度降低后再出厂，控制水泥温度在50℃以下，避免使用刚出厂的高温水泥。

（3）集料降温

集料堆场搭设遮阳棚，避免阳光直射。若气温较高，则浇筑混凝土前先用装载机将石子铲至冲洗平台，洒冷水进行初步降温，同时应注意使用中要严格控制含水量。

（4）制冰机应用

大体积混凝土施工标段均在拌和站配备一台制冰机用于原材料降温，制冰机制出的冰渣与粗细集料一并投入备料斗中待用，在备料斗中冰渣吸收集料热量融化成冰水，进一步降低了集料的温度，冰水作为部分拌和水使用降低了拌和水的温度。

根据热工计算确定制冰量，混凝土浇筑前确保库存冰量满足本节段浇筑要求方可浇筑。

（5）浇筑设备降温

混凝土搅拌站料斗、皮带运输机、搅拌机采取遮阳措施，避免日光直射，搅拌前对相关搅拌设备进行洒水降温。使用时与混凝土材料接触面不得存在附着水。

对混凝土运输搅拌车洒水降温，浇筑水平泵管覆盖麻袋洒水降温。

（6）热工计算

在混凝土拌和前，除对集料含水率进行测量外，还要对环境温度以及胶材、集料、水等材料的温度进行测量。根据测温结果对混凝土的入模温度进行推算。当入模温度大于

25℃时，可采取加大冰渣用量和集料洒水等措施进行降温。若计算达不到入模温度要求则待气温较低时再进行浇筑。

混凝土浇筑过程中入模温度按1h/次的频率进行测量并形成相关记录。测量结果及时反馈拌和站，及时调整降温措施。

(7)施工管理

混凝土的浇筑施工宜选在一天中温度较低的时间进行，温度较低时浇筑混凝土各原材料自身温度也较低，有利于降低混凝土的出机温度。

严格规范现场管理，加强与现场的信息沟通，对现场浇筑进程进行严格控制，合理安排，控制并缩小混凝土到达现场等待浇筑的时间，降低混凝土在等待过程中温度损失。

2)冬季入模温度控制措施

(1)原材料保温

砂石集料作为混凝土的重要组成部分，原材料质量及温度对混凝土冬季施工质量有着密切的关系，为此对于砂石集料，必须加强质量控制，做好防雨、雪覆盖工作。所有进场的砂石集料经过筛、洗并检验合格后倒入料仓。集料中不得含有冰雪和冻块，也不宜含有较多的水分，保证集料使用时的温度高于0℃，集料级配良好，质地坚硬。为防止雨雪直接与集料接触，降低集料温度，可在储料仓顶部搭设防雨(雪)棚。对于上料皮带同样采取防雨(雪)棚覆盖皮带机，防止雨、雪直接与集料接触，影响混凝土生产质量。水泥存放于水泥罐保温。

(2)拌和料加热

拌制混凝土时各种材料的温度，应满足混凝土拌合物拌和后所需的温度。当材料原有温度不能满足要求时，应考虑对拌合物用热水加热；水泥仅能保温，不得加热。各种材料需要加热的温度应根据冬期施工热工计算公式确定且不超过指标规定值，如表4-9所示。

拌和水及集料最高温度　　　　表4-9

项　　目	拌和水(℃)	集料(℃)
强度等级小于42.5的普通硅酸盐水泥	80	60
强度等级大于或等于42.5的普通硅酸盐水泥	60	40

注：当集料不加热时，水可加热到100℃，但水泥不应与80℃以上的水直接接触。加料顺序为先加集料和已加热的水，然后加水泥。

搅拌站人员要定时对混凝土出机温度、拌和水温及集料温度进行监控，并做好记录以便及时调整。

(3)混凝土拌和

冬期施工期间应严格控制混凝土的配合比和坍落度,集料不得带有冰雪和冰冻团块。投料前,应先采用热水或蒸汽冲洗搅拌机。加料顺序应先为集料、水,稍加搅拌后再加入水泥,且搅拌时间比常温时延长50%。混凝土拌合物的出机温度不低于10℃,入模温度不低于5℃。

混凝土入模温度采用手持热偶温度计进行监测,每2h监测一次。

4.4.5 管冷降温保证措施

1)承台、塔座冷却水管布设

承台首节混凝土共布设2层冷却水管,单层8套水管,次节混凝土共布设3层冷却水管,水管垂直管间距为100cm,水平间距为100cm,第三节混凝土和次节混凝土结构相同。塔座共布设3层冷却水管,水管垂直管距为100cm,水平间距为90cm,共15套水管,每套管长不超过150m,上下层交错布置。

2)塔柱冷却水管布设

塔柱冷却水管布置根据理论计算确定,在薄壁及实心区环绕,竖向高度上,除在下缘三层控制50~55cm间距外,其余各层间控制层距为100cm,如图4-9所示。

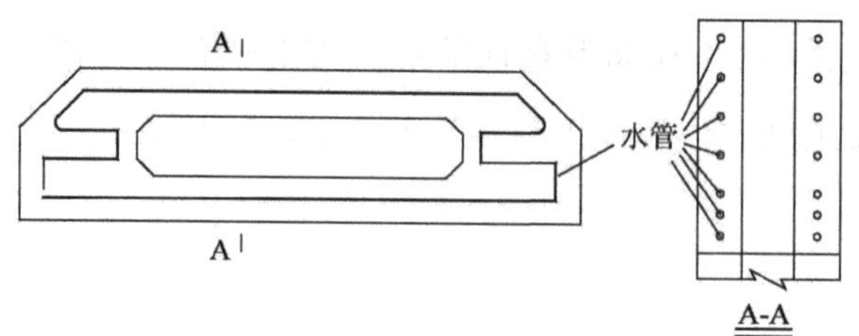

图4-9 塔柱冷却水管布置图

3)冷却水管安装保证措施

冷却水管采用$\phi32\times2.5$(mm)的电焊钢管制作,配合高压水泵可满足冷却水流速不小于0.65m/s,单根水管流量不小于20L/min。确保最大通水时,管道内冷却水形成紊流状态。

弯管在现场采用冷弯工艺统一加工成半径20cm的圆弧弯角。直管位置通过丝扣连接,弯管位置通过快速接头连接。先将水管连接位置用生料带缠绕再进行连接,提高止水效果。

4)冷却水管通水保证手段

采用深层江水做冷却水水源,沉淀净化后使用,将沉淀后冷却水加入水箱中,经300m

扬程、流量 $5m^3/h$ 的多级增加水泵输送至各分水器，再由分水器分至各冷却水管。为确保各冷却水管水流可控，将分水器制成密封容器，每个出水口上设置球阀以控制各套水管通水流量，每个阀门控制一根冷却水管，编号使用。在混凝土浇筑过程中安排专人进行通水管理，主要包括冷却水水管漏水检查、通水、流量、水温监测等工作，各检查项目均为1次/h。

4.4.6　混凝土带模期温控保证措施

1）夏季温控保证手段

夏季混凝土带模期温控保证手段主要包括通冷却水及混凝土顶面蓄水养护，对于特殊情况，如内表温差过大时可采用“外保温”措施。

（1）安排专人每小时对冷却水各项指标进行检测，确保冷却水通水正常，各项指标符合要求。

（2）塔柱各节段混凝土顶部进行蓄水养护，蓄水前通过温度元件及手持测温计采得混凝土顶面温度及养护水水温，控制养护水温度与混凝土表面温度差≤10℃，若不满足要求，可用加热器对养护水进行加热。

（3）如混凝土内表温差，则采用油布等包裹混凝土侧模板，提高混凝土表面温度，必要时采取一定加热手段。

2）冬季温控保证手段

冬季混凝土带模期温控保证手段主要包括通冷却水、混凝土顶面保温养护以及内表温差控制。冬季大体积混凝土主要为主塔承台及塔柱混凝土。

（1）安排专人每小时对冷却水各项指标进行检测，确保冷却水通水正常，各项指标符合要求。

（2）承台混凝土浇筑完成后即在其表面覆盖塑料薄膜保湿，并在塑料薄膜上覆盖土工布保温，最后在其上搭建约2.5m高的养护棚，以减小外界冷空气流动的影响。在夜间低温期间，养护棚内使用暖风机和碘钨灯加热，使混凝土顶面温度与棚内温度之差处于<15℃状态。塔柱混凝土浇筑完成后顶面覆盖双层棉被，外围围裹1.2m高油布，防风保温。当温度差不满足要求时在四周设置大功率暖风机辅助保温，确保混凝土顶面温度与棉被层间处于温度<15℃状态。

（3）为确保冬季带模期混凝土内表温差符合要求，在通过通冷却水降低混凝土内部温度的同时，在塔座外侧模上覆盖棉被及油布保温，在塔柱混凝土侧模外包裹防火油布，并在其与模板形成的内部空间用暖风机加热。通过“内降外保”的手段防止混凝土表面温度降低过快而引起温差超限。

4.4.7 松模后温控指标保证措施

塔座、承台采用带模养护法直至温度符合要求后拆模，无松模工序。对于塔柱混凝土兼顾混凝土质量及施工进度，采用先 2d 温峰过后松模热水滴灌养护至各项温控指标达标后，再拆模养护。

1）冷管降内温保证措施

安排专人每小时对冷却水各项指标进行检测，确保冷却水通水正常，各项指标符合要求。

2）混凝土表面温控措施

（1）夏季塔柱各节段混凝土顶部进行蓄水养护，蓄水前通过温度元件及手持测温计采得混凝土顶面温度及养护水水温，控制养护水温度与混凝土表面温度差≤10℃，若不满足要求，可用加热器对养护水进行加热。

（2）冬季混凝土顶面覆盖双层棉被，外围围裹 1.2m 高油布，防风保温。当温度差不满足要求时，在四周设置大功率暖风机辅助保温，确保混凝土顶面与棉被层间温差处于 <15℃状态。

3）滴灌养护保证措施

根据施工情况，带模期混凝土表面散热较慢，内表温差较小，采用混凝土浇筑完成 2d 且强度达到 20MPa 后（温峰已过）松模并开始用温水滴灌养护（水温视混凝土内表温差及降温速率调节），在内表温差及混凝土降温速率满足条件的情况下，使混凝土表面温度尽快降低以满足表环温差≤15℃的拆模条件。

（1）塔柱外侧壁木模松开 5 ~ 10mm 间隙，松模后混凝土表面水分散失需要补水保湿养护，采用滴灌法补温水养护。

（2）温水滴灌系统由供水水箱、自动供水水泵、阀门、加热水箱、主水管、支水管等部分组成。

（3）在爬模顶层操作平台上设置一个供水水箱和一个可调节温度的加热水箱。由供水水箱提供经沉淀净化后的洁净水，经阀门、自动供水水泵输送至加热水箱，根据混凝土表面温度及养护出水口温度的实时监测数据，对加热水温进行调整，确保养护水温与混凝土表面温度差在 15℃以内。

（4）在塔柱新浇层顶面沿塔柱外轮廓布设一圈主水管（主水管与加热水箱龙头连接），在主水管间距 20cm 开洞连接一个细小支水管，将支水管直接插入模板顶口缝隙中通

水养护。

(5)模板松开后,在模板顶口与混凝土侧壁之间塞入一层透水模板布或棉布,可将养护水引流至混凝土面并可使养护水分布更加均匀。

(6)通过调节出水口阀门来控制养护水流量,确保补水量大于蒸发量。

4.4.8 拆模后养护

1)承台、塔座均带模温控至各项指标合格。

2)塔柱混凝土要求最少拆模后采用高性能养护剂养护。

3)夏季拆模温控指标达标后,直接拆模,并在混凝土表面涂刷养护剂养护。

4)冬季施工,考虑到环境温度较低,在自然降温的条件下,表环温差达到符合要求的条件需较长时间,故冬季温控保证措施在夏季措施基础上增加侧模外包裹油布营造小环境的方法。具体保证措施如下:

(1)将外模板后退60cm左右。外倒角模板拆除后需要吊至桥下改制,拆模前先用油布将倒角模板围起来,连同后退的外模板形成全断面围挡,起到防风保温作用。

(2)利用加热器将养护液加热后涂刷至混凝土表面,加热温度视混凝土表面温度而定。

(3)气温较低时在围挡内设置大功率暖风机辅助保温(暖风机不直吹混凝土面,避免龟裂)。

(4)液压爬模过后,设置在爬模操作平台和修饰平台的防风油布可继续承担防风保温作用。平台与塔壁之间缝隙用废旧模板封堵严实,模板底口与爬架平台之间缝隙用防风帘封堵严实。

第5章 大跨径斜拉桥建造

5.1 概述

芜湖长江公路二桥跨江主桥采用100m+308m+806m+308m+100m五跨分肢柱式塔分离钢箱梁四索面斜拉桥,全漂浮体系。在桥塔造型、拉索锚固系统以及钢箱梁结构上均进行了大量创新,在施工中面临巨大挑战。

(1)分肢柱式塔

主桥采用分肢柱式混凝土桥塔,塔高总计262m(含塔座),中下塔柱为左右分肢形式,两分肢在距离塔顶108m处合拢形成八边形中空柱式结构,用于锚固拉索。分肢柱式塔设计使得结构外形简洁挺拔,增加了结构的景观效果,桥塔分叉处预留有轨电车通行空间,如图5-1所示。

图5-1 分肢柱式塔斜拉桥

桥塔具有高度高、工期长、施工作业条件困难的特点,线形控制难度较大,不仅影响外在美观,而且影响结构受力行为,必须制定严格标准,针对整体线形进行严格控制。

(2)四索面通向回转拉索

拉索配合分离式宽幅箱梁,采用四索面体系,大幅改善主梁的横向受力状态。拉索在桥塔上锚固采用创新的同向回转鞍座形式,利用拉索环绕桥塔形成抱箍力,有效地解决了混凝土桥塔受拉开裂引起的耐久性问题,如图5-2所示。

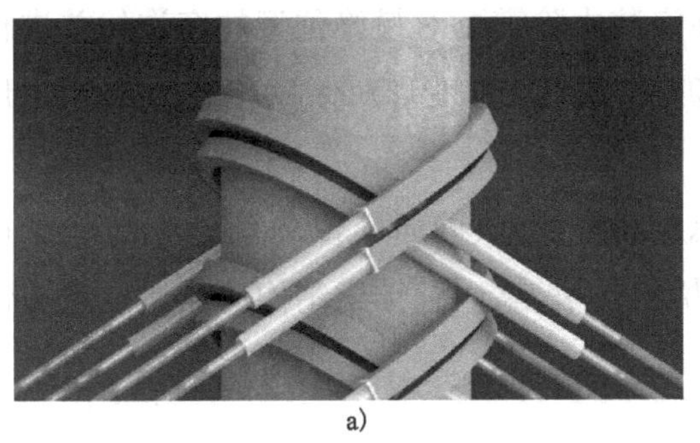
a)

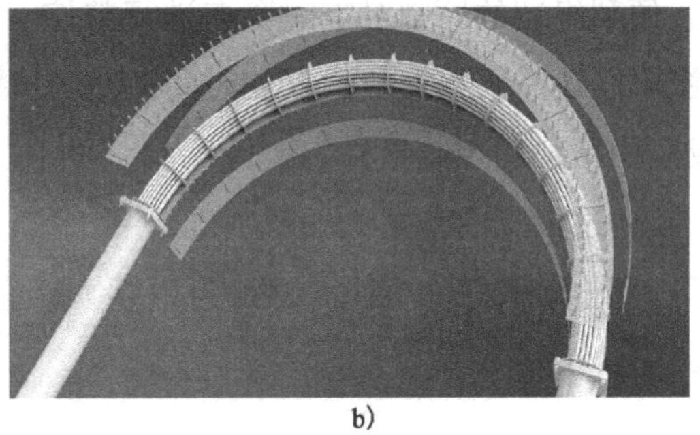
b)

图5-2 同向回转拉索

同向回转鞍座是支撑芜湖二桥主桥品质工程的核心技术之一,钢绞线由雨滴分丝管穿过,每一根钢绞线的耐久性与分丝管的空间位形相关,安装的控制精度要求极高,另一方面鞍座内嵌在混凝土塔壁内,施工完毕就没有调整的空间,所以工前控制至关重要。

通过系统化考虑,以模块化为基础理念,建立同向回转鞍座的散拼与整拼工艺,通过确定性的过程,保障高精度的安装效果。在这个过程中形成了相关的最终控制的精度指标、过程中的精度指标以及信息化的保障措施。

(3)分离式宽幅箱梁

主梁充分考虑抗风性能及设计通行能力需求,采用分体扁平钢箱梁的构造形式,桥面总宽53m,为双向8车道,两钢箱梁分别从柱式塔左右侧穿过,钢箱之间设置间隔的横梁进行连接,横梁上设置轨道,用于两岸轻型轨道交通,如图5-3所示。

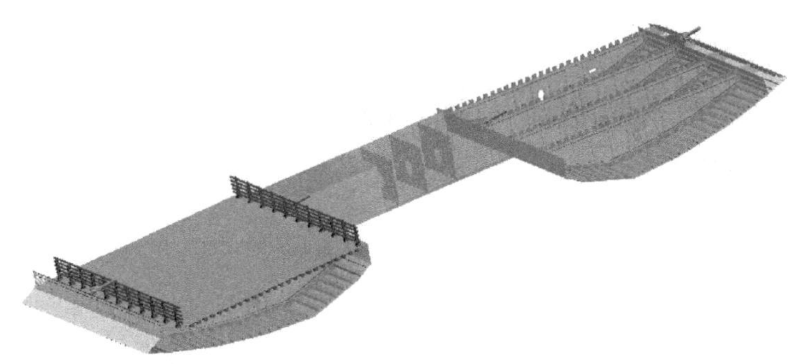

图5-3 分离式宽幅箱梁

箱梁每节构件种类繁多,箱体以及横梁内部板件组装质量决定梁体局部的受力及疲劳性能,而箱体与横梁之间的组装质量决定了是否能够正常安装以及保证连接部位的受力性能,数控机械化生产是质量的基础保障,适配的制造精度标准是质量提升的控制关键。

此外钢箱梁在现场起吊后组装成一体，对于施工精度的控制考验极大，要基于合理受力、便利组装的原则对空间姿态进行掌控。在安装中除需要对最终位型的容许偏差进行控制外，还需要根据节段安装时间、所处悬臂阶段、预测塔偏变形对保障措施进行细化，形成全面精细的控制指标。

通过大量的方案论证及基础研究工作，总结桥塔建造、同向回转鞍座安装、钢箱梁加工以及安装精度并编辑成册，为后续大跨径桥梁的塔、梁以及锚索结构的品质建造提供参考。

5.2 标准工序

5.2.1 桥塔线形控制工序

塔柱线形控制施工工序见图5-4。

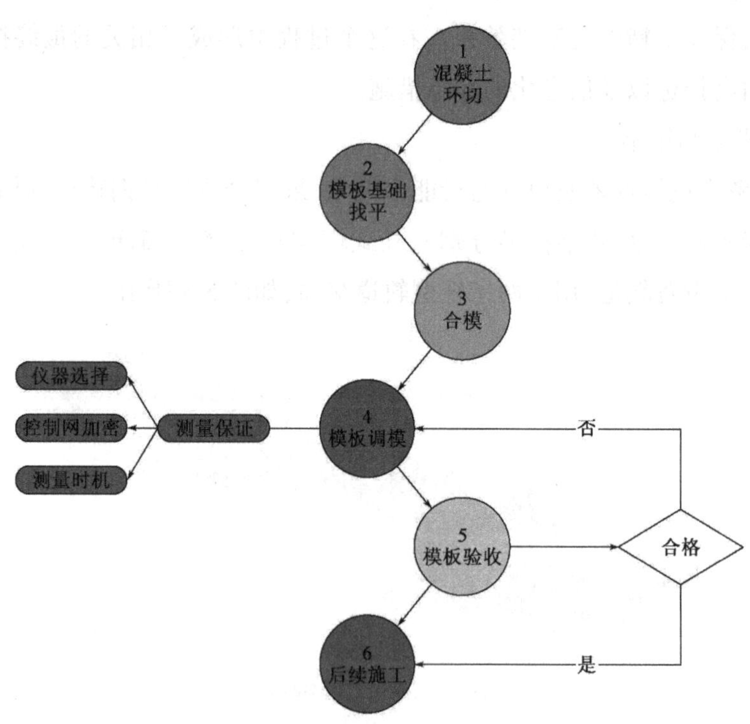

图5-4 塔柱线形控制施工工序流程图

5.2.2　鞍座安装工序

鞍座施工工艺见图 5-5，鞍座构造见图 5-6。

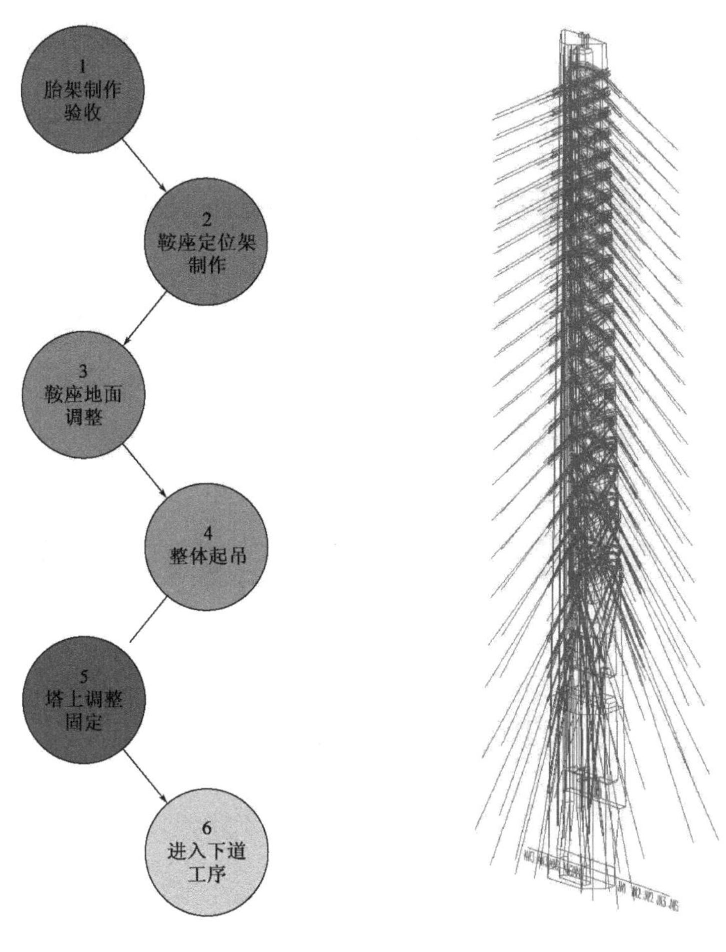

图 5-5　鞍座施工工艺流程图

图 5-6　鞍座构造图

5.2.3　钢箱梁加工与安装工序

钢箱梁加工工序见图 5-7，钢箱梁安装施工工序见图 5-8。

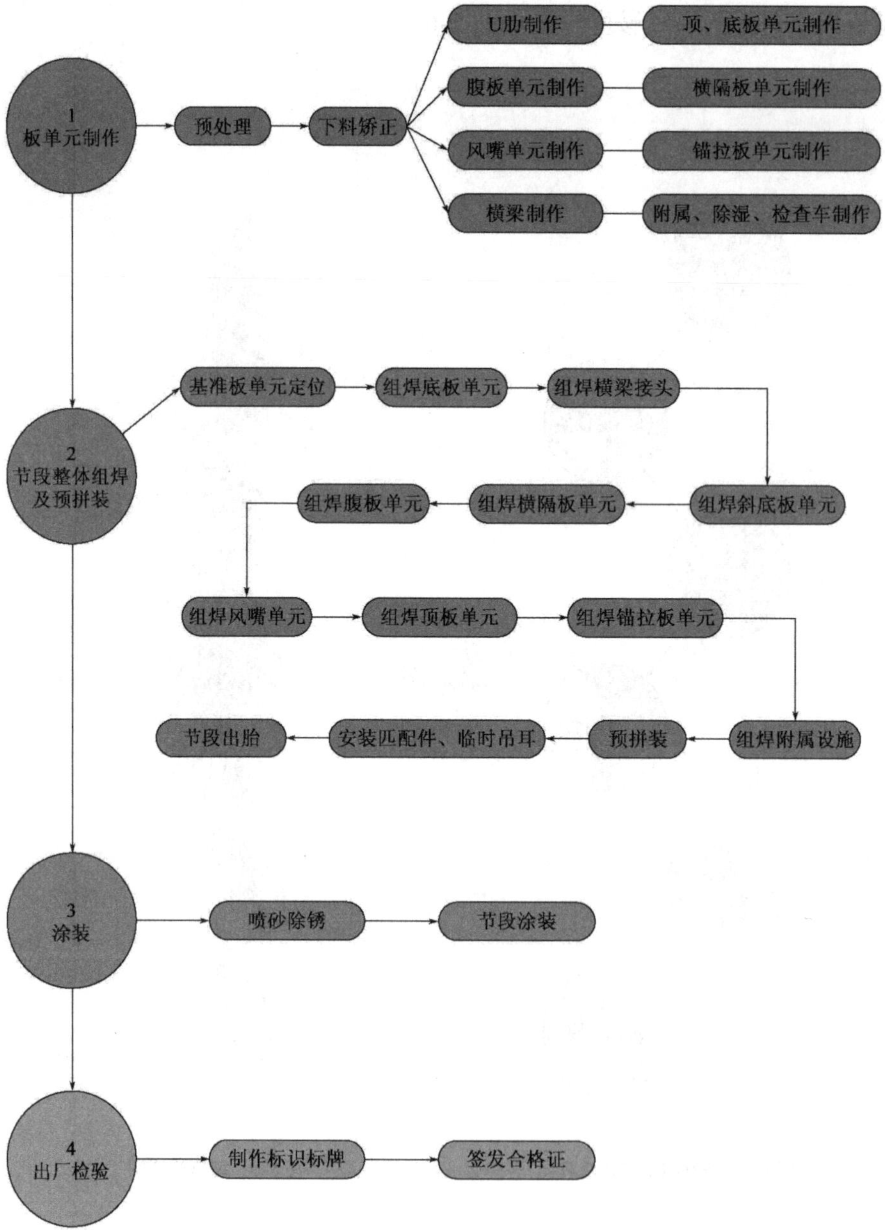

1 板单元制作 → 预处理 → 下料矫正 → U肋制作 — 顶、底板单元制作；腹板单元制作 — 横隔板单元制作；风嘴单元制作 — 锚拉板单元制作；横梁制作 — 附属、除湿、检查车制作

2 节段整体组焊及预拼装 → 基准板单元定位 → 组焊底板单元 → 组焊横梁接头 → 组焊斜底板单元 → 组焊横隔板单元 → 组焊腹板单元 → 组焊风嘴单元 → 组焊顶板单元 → 组焊锚拉板单元 → 组焊附属设施 → 预拼装 → 安装匹配件、临时吊耳 → 节段出胎

3 涂装 → 喷砂除锈 → 节段涂装

4 出厂检验 → 制作标识标牌 → 签发合格证

图 5-7　钢箱梁加工工序流程图

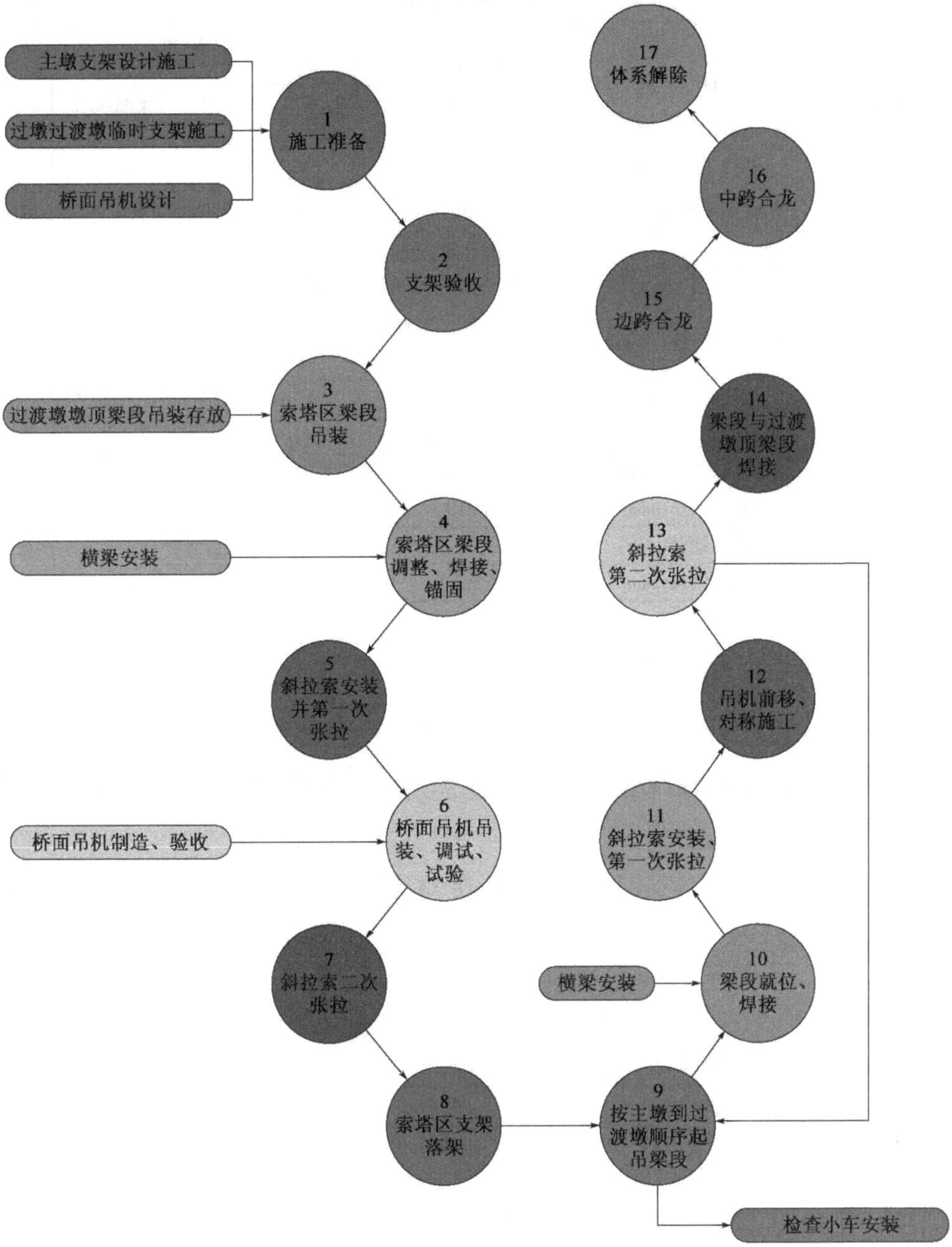

主墩支架设计施工
过墩过渡墩临时支架施工
桥面吊机设计
1 施工准备
2 支架验收
过渡墩墩顶梁段吊装存放
3 索塔区梁段吊装
横梁安装
4 索塔区梁段调整、焊接、锚固
5 斜拉索安装并第一次张拉
桥面吊机制造、验收
6 桥面吊机吊装、调试、试验
7 斜拉索二次张拉
8 索塔区支架落架
9 按主墩到过渡墩顺序起吊梁段
检查小车安装
横梁安装
10 梁段就位、焊接
11 斜拉索安装、第一次张拉
12 吊机前移、对称施工
13 斜拉索第二次张拉
14 梁段与过渡墩顶梁段焊接
15 边跨合龙
16 中跨合龙
17 体系解除

图 5-8　钢箱梁安装施工工序流程图

5.3　精度指标

5.3.1　桥塔线形控制精度指标

塔柱线形控制指标如表 5-1 所示。

塔柱线形控制指标　　表5-1

序号	指标类别	指标名称	控制精度(mm)	相关规范		备注
				规范规定值或允许偏差(mm)	来源	
1	一般指标	拼缝错台(mm)	1	—	—	新增指标
2	一般指标	大面积平整度(mm)	3	5	《公路桥涵施工技术规范》(JTG/T F50—2011)	
3	关键指标	倾斜度(总体)(mm)	1/3000塔高,且不大于20或设计要求	塔高的1/3000,且不大于30	《公路桥涵施工技术规范》(JTG/T F50—2011)	
4	关键指标	倾斜度(节段)(mm)	节段高的1/1000,且≤8	塔高的1/3000,且不大于30	《公路桥涵施工技术规范》(JTG/T F50—2011)	
5	关键指标	塔顶高程(mm)	±10	±10	《公路桥涵施工技术规范》(JTG/T F50—2011)	
6	关键指标	塔柱轴线偏位(mm)	±20	±10	《公路桥涵施工技术规范》(JTG/T F50—2011)	
7	关键指标	塔柱底轴线偏位(mm)	±10	±10	《公路桥涵施工技术规范》(JTG/T F50—2011)	
8	关键指标	外轮廓尺寸(mm)	±10	±20	《公路桥涵施工技术规范》(JTG/T F50—2011)	
9	关键指标	节段间错台(mm)	2	5	《公路桥涵施工技术规范》(JTG/T F50—2011)	
10	关键指标	塔柱底偏位(mm)	±5	—	—	新增指标

5.3.2 鞍座安装控制精度指标

胎架制作指标如表5-2所示,定位架匹配制作指标如表5-3所示,鞍座调整及骨架固定指标如表5-4所示,鞍座整体起吊指标如表5-5所示,鞍座塔上对接固定指标如表5-6所示。

胎架制作指标　　表5-2

序号	指标类别	检测项目	控制精度(mm)	相关规范		备注
				规范规定值或允许偏差(mm)	来源	
1	关键指标	平面高差	±2	—	—	新增指标
2	关键指标	定位卡板	±5	—	—	新增指标
3	关键指标	长	±5	—	—	新增指标
4	关键指标	宽	±3	—	—	新增指标

定位架匹配制作指标　　表5-3

序号	指标类别	检测项目	控制精度(mm)	相关规范		备注
				规范规定值或允许偏差(mm)	来源	
1	关键指标	骨架对角线	±10	—	—	新增指标
2	关键指标	定位卡板	±5	—	—	新增指标
3	关键指标	转角点位置	±5	—	—	新增指标

鞍座调整及骨架固定指标　　表5-4

序号	指标类别	检测项目	控制精度（mm）	相关规范		备注
				规定值或允许偏差（mm）	来源	
1	关键指标	鞍座高程（mm）	±5	—	—	新增指标
2		鞍座平面位置（mm）	±10	—		
3		导管出口高程（mm）	±5	—		
4		导管出口平面位置（mm）	±5	—		
5		孔中心轴线角度（"）	5	—		

鞍座整体起吊指标　　表5-5

序号	指标类别	检测项目	控制精度（mm）	相关规范		备注
				规定值或允许偏差（mm）	来源	
1	一般指标	吊装最大变形量	6	—	—	新增指标

鞍座塔上对接固定指标　　表5-6

序号	指标类别	检测项目	控制精度（mm）	相关规范		备注
				规定值或允许偏差（mm）	来源	
1	关键指标	鞍座高程（mm）	±5	—	—	新增指标
2		鞍座平面位置（mm）	±10	—		
3		导管出口高程（mm）	±5	—		
4		导管出口平面位置（mm）	±5	—		
5		孔中心轴线角度（"）	5	—		

5.3.3　钢箱梁加工与安装精度指标

零件尺寸允许偏差如表5-7所示，U肋折弯尺寸允许偏差如表5-8所示，螺栓孔加工允许偏差如表5-9所示，螺栓孔距允许偏差如表5-10所示，部件及单元组装允许偏差如表5-11所示，边箱梁组装允许偏差如表5-12所示，板单元矫正允许偏差如表5-13所示，横梁成品尺寸允许偏差如表5-14所示，边箱梁成品尺寸允许偏差如表5-15所示，钢箱梁预拼装允许偏差如表5-16所示，斜拉桥索塔区钢箱梁段安装指标如表5-17所示，斜拉索张拉指标如表5-18所示，横梁安装指标如表5-19所示，对称悬臂安装指标如表5-20所示，临时墩、边墩墩顶梁段安装指标如表5-21所示，合龙段梁段安装指标如表5-22所示，斜拉桥成桥线形指标如表5-23所示。

零件尺寸允许偏差　　表5-7

序号	名称	项目	简　图	控制精度（mm）	JTG/T F50允许偏差（mm）	备注
1	钢箱梁零件	长度、宽度	有工艺量时按工艺要求执行	±2.0	±2.0	关键指标
2	锚管	长度	—	±3.0	±3.0	—
3	检查车轨道	长度	—	±2.0	±2.0	—
4	其他型钢	长度	—	±3.0	±3.0	—

续上表

序号	名称	项目	简图	控制精度(mm)	JTG/T F50 允许偏差(mm)	备注
5	横隔板接板	宽度 b	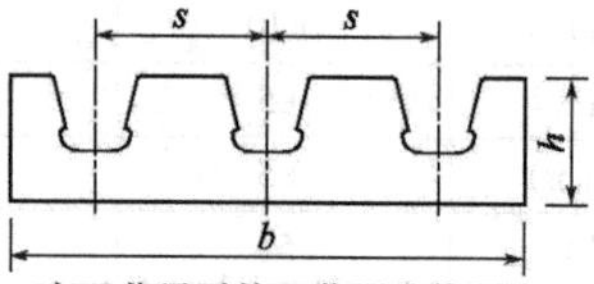 有工艺量时按工艺要求执行	按工艺文件	±2.0	关键指标
		高度 h		±2.0	±2.0	关键指标
		槽口间距 s		±1.0	±2.0(任意两槽口间距) ±1.0(相邻两槽口间距)	
		槽口深度		±2.0	±2.0	
6	横梁隔板	宽度 B	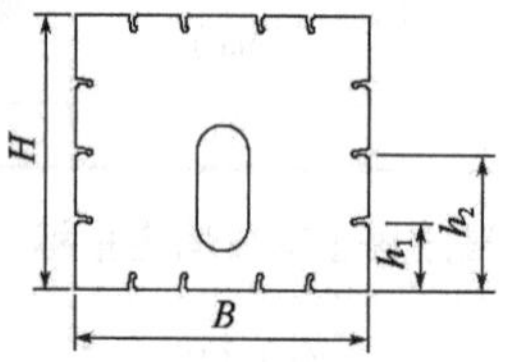	+1.5 0	+1.5 0	
		高度 H		+2.0 0	+2.0 0	
		缺口定位尺寸 h_1、h_2		+1.0	+1.0	
7	横隔板	长、宽	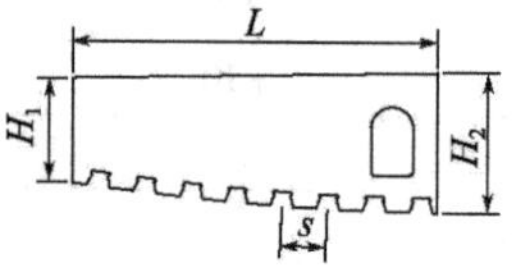	±2.0	±2.0	关键指标
		槽口中心距 S		±2.0(任意两槽口间距) ±1.0(相邻两槽口间距)	—	新增指标
		对角线差值偏差		±3.0	—	新增指标
8	弯板件尺寸	H	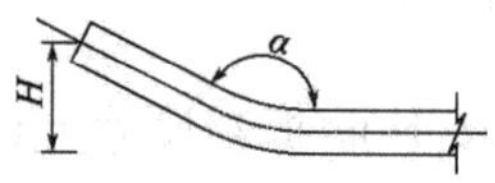	±2.0	—	新增指标
		折弯长度 L		±2.0	—	新增指标

U 肋折弯尺寸允许偏差 表 5-8

序号	项目	简图	控制精度(mm)	JTG/T F50 允许偏差(mm)	备注
1	开口宽 B	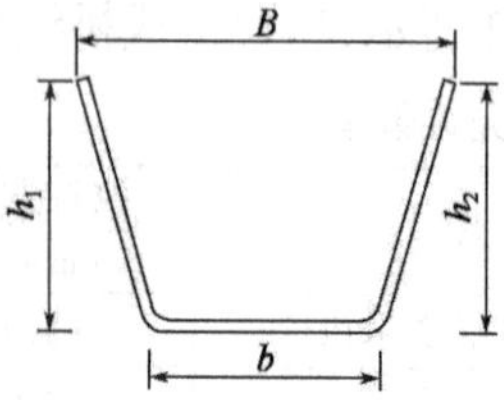	+2.0 −1.0	+3，−1	
2	底宽 b		±1.5	±1.5	关键指标
3	肢高 h_1、h_2		±1.5	±2	
4	两肢差 $\|h_1-h_2\|$		≤2.0	≤2.0	关键指标
5	竖弯、旁弯		L/1000 或 6，取最小值	L/1000 或 10，取最小值	

螺栓孔加工允许偏差　　表 5-9

序号	项　目	孔径范围	控制精度(mm)	JTG/T F50 允许偏差(mm)	备注
1	螺栓孔直径 d	$14 \leqslant d \leqslant 18$	+0.5 ~ 0	+0.5 ~ 0	
		$22 \leqslant d \leqslant 33$	+0.7 ~ 0	+0.7 ~ 0	
2	螺栓孔垂直度	板厚 $t \leqslant 30$mm	≤0.3	≤0.3	
		板厚 $t > 30$mm	≤0.5	≤0.5	
3	螺栓孔圆度	$14 \leqslant d \leqslant 18$	±0.5	—	新增指标
		$22 \leqslant d \leqslant 33$	±0.5	—	新增指标

螺栓孔距允许偏差　　表 5-10

序号	项　目	控制精度(mm)	JTG/T F50 允许偏差(mm)	备注
1	两相邻孔距	±0.4	±0.4	
2	同一孔群任意两孔距	±1.0	±1.0	
3	杆件任意两面孔群纵横向错位	≤1.0	1.0	
4	孔群中心线与杆件中心线的横向偏移	≤2.0	2.0	
5	两端孔群中心距	±2.0	—	新增指标

部件及单元组装允许偏差　　表 5-11

序号	名称	简　图	项　目		控制精度(mm)	JTG/T F50 允许偏差(mm)	备注
1	部件组装	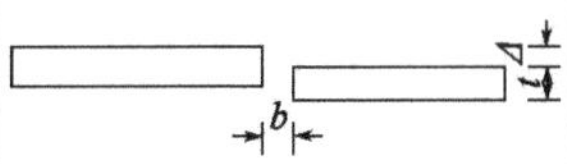	对接高低差 Δ	$t<20$mm	≤0.5	≤0.5	
				$t \geqslant 20$mm	≤1.0	≤1.0	
			对接间隙 b		≤1.0	≤1.0	
		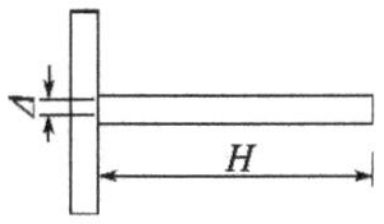	竖板与水平板中心偏离 Δ		≤1.0	≤1.0	
		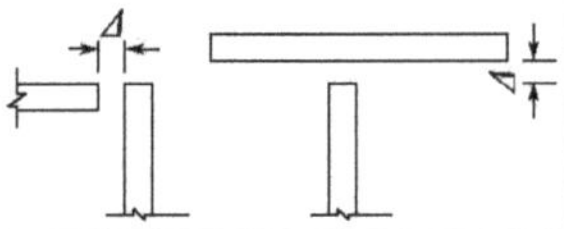	组装间隙 Δ		≤1.0	≤1.0	
			磨光顶紧部位间隙		≤0.2(磨光顶紧部位全长的 75%)	—	
		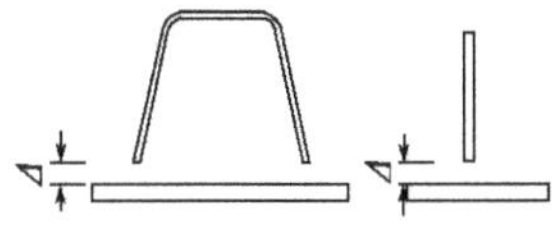	U 肋组装间隙 Δ		≤0.5 局部允许≤1.0	≤0.5 局部允许≤1.0	关键指标
			板肋组装间隙 Δ		≤1.0	≤1.0	关键指标
		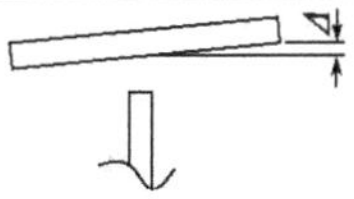	面板倾斜		≤0.5	≤0.5	
		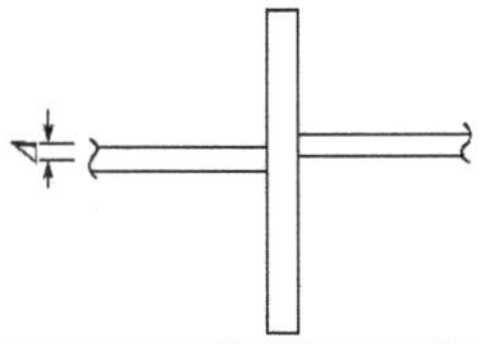	板中心对位组装中心偏离 Δ		≤1.0	—	新增指标

续上表

序号	名称	简图	项目		控制精度(mm)	JTG/T F50 允许偏差(mm)	备注
2	板肋板单元		加劲肋间距 a	±1.0(端部及隔板处)	±1.0(端部及隔板处)		
				±2.0(其他部位)	±2.0(其他部位)		
			边侧加劲肋到边距离 a_1		±2.0	±2.0	
			加劲肋垂直度 α		±1	±1	
			横向不平度 f		≤2.0	≤2.0	
			纵向不平度		≤4.0/4m	≤4.0/4m	
			四角不平度		≤5.0	—	新增指标
3	U肋板单元		肋角间距 S		±2.0，±1.0(端部和隔板位置处)	±2.0，±1.0(端部和隔板位置处)	关键指标
			边侧肋角到边距离 S_1		±2.0	±2.0	关键指标
			顶板接板间距 S		±2.0	±2.0	
			横向不平度		≤2.0	S1/300	
			纵向不平度		≤3.0	S2/500	
			四角不平度		≤5.0	—	新增指标
			接板垂直度		≤1.0	±2.0	
4	横隔板单元		横向不平度		≤2.0	小于 H/250，5 取较小者	
			纵向不平度		≤4.0/4m	小于 H/250，5 取较小者	
5	锚拉板单元		锚管与锚板组装角度 α		±0.10	±0.10	关键指标
			承力板与锚管的组装间隙		≤0.2	≤0.2	关键指标
			组装偏心距 Δ		≤0.75	—	关键指标
			锚固点距轴线位置 L 偏差		±2.0	—	新增指标

边箱梁组装允许偏差 表 5-12

序号	简图	项目		控制精度（mm）	JTG/T F50 允许偏差（mm）	备注
1	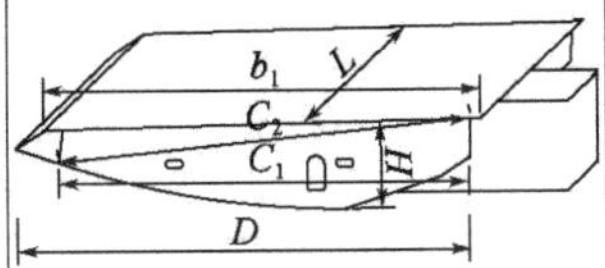	长度 L		±2.0	±2.0	关键指标
		顶、底板宽 b		±4.0	±6.0	
		高度 H	端口	±2.0	±2.0	
			其他	±3.0	—	新增指标
		横断面对角线差值偏差 $\vert C_1 - C_2 \vert - \Delta$，$\Delta$ 表示横断面对角线理论差值的绝对值		±3.0	4	
2	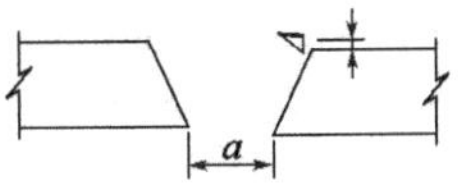	相邻单元接口错边 Δ		±1.0	±1.0	关键指标
		对接间隙 a		±2.0	±2.0	
3	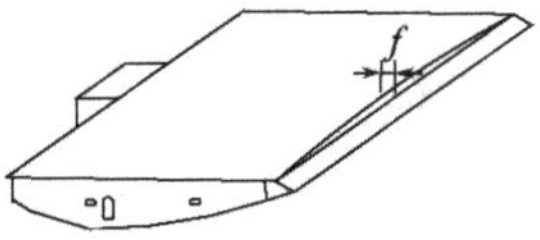	旁弯		≤5.0	≤5.0	
4	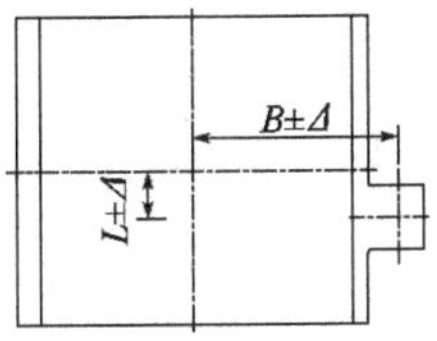	横梁接头横向偏差 Δ		±2.0	—	新增指标
		横梁接头纵向偏差 Δ		±2.0	—	
5	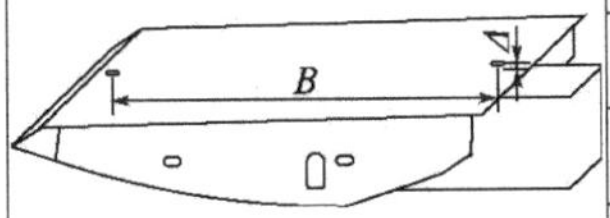	吊点纵横向对位偏差		±2.0	±2.0	关键指标
		吊点横向中心距		±2.0	±4.0	
		两侧吊点纵向错位 Δ		±2.0	±2.0	关键指标
		吊点高度差		±5.0	5	
		顶、底板板单元定位偏差 Δ		≤1.0	≤1.0	
		横隔板垂直度		≤3.0	—	新增指标
		横隔板间距		±3.0	±3.0	
		顶板四角水平高差		±4.0	—	新增指标
		顶板对角线差		±4.0	—	
		桥面横坡		±0.1%	—	关键指标

板单元矫正允许偏差

表 5-13

序号	名称	简图	项目	控制精度(mm)	JTG/T F50 允许偏差(mm)	备注
1	板单元	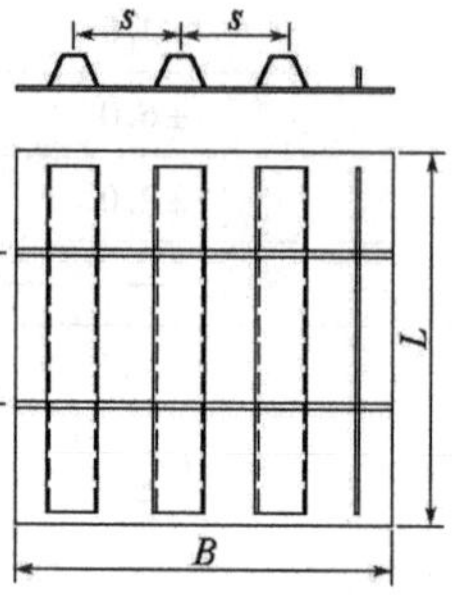	横桥向平面度	S_1/250 且≤2.0（S_1 为纵肋间距）	S_1/250	
			纵桥向平面度	S_2/500 且≤4.0（S_2 为横肋间距）	S_2/500	
			接板及板肋垂直度	≤2.0	≤2.0	
			四角不平度	≤5.0	—	新增指标
			板边直线度	≤3.0	≤3.0	
			矢高偏差（弧面底板单元）	≤B/500，且≤5.0（B 为面板宽度）	—	新增指标
2	横隔板单元	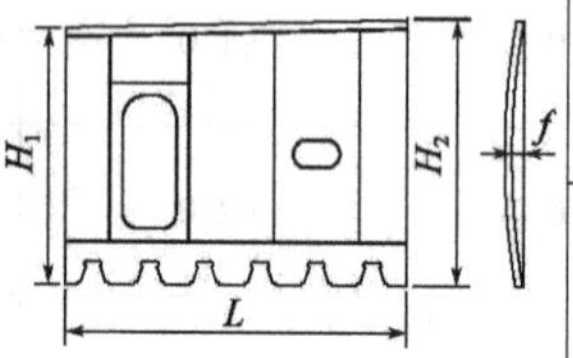	平面度 f	≤H_2/250，且≤2.0	≤H_2/250	—
			板边直线度	≤2.0	≤2.0	
3	横梁	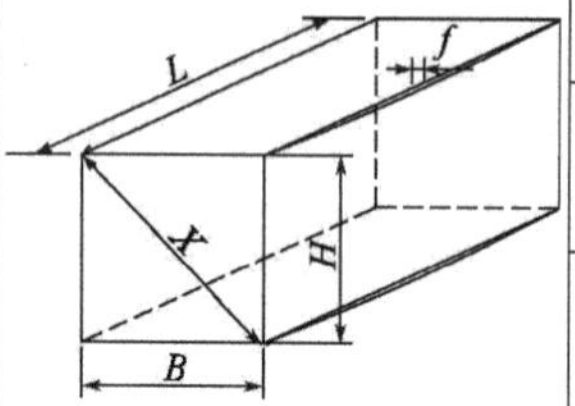	长度	±2.0	—	新增指标
			箱口对角线差	≤4.0	—	
			宽度 B 工地连接部位	±2.0	—	
			宽度 B 其余部位	±4.0	—	
			高度 H 工地连接部位	±2.0	—	
			高度 H 其余部位	±4.0	—	
			端面同面度（横梁接头处）	≤2.0	—	
			旁弯	≤5.0	—	
			扭曲	每米不超过 1，且每段≤5.0	—	

横梁成品尺寸允许偏差

表 5-14

序号	项目	示意图	控制精度(mm)	JTG/T F50 允许偏差(mm)	备注
1	长度	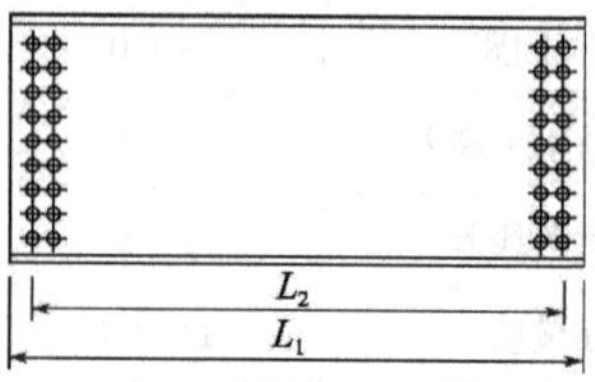	L_1 ±2.0	—	新增指标
			L_2 ±1.0	—	

续上表

序号	项目		示意图	控制精度（mm）	JTG/T F50 允许偏差（mm）	备注
2	高度 H 宽度 B	工地接头处	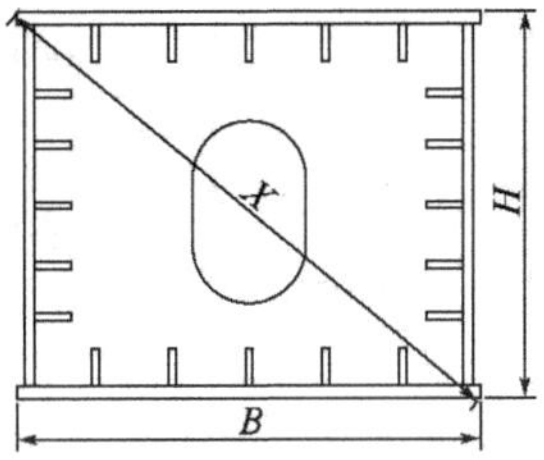	±2.0	—	新增指标
		其余部位		±4.0	—	
3	端口对角线差			±4.0	—	
4	弯曲			≤5.0	—	
5	扭曲			≤5.0	—	

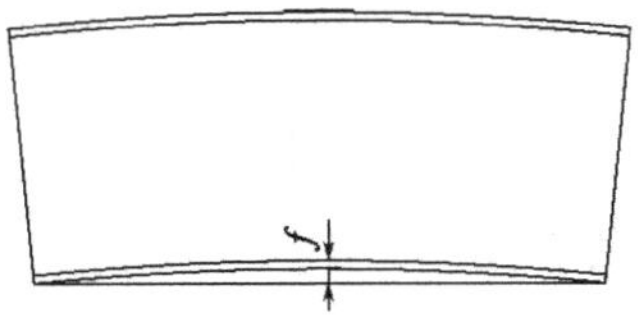

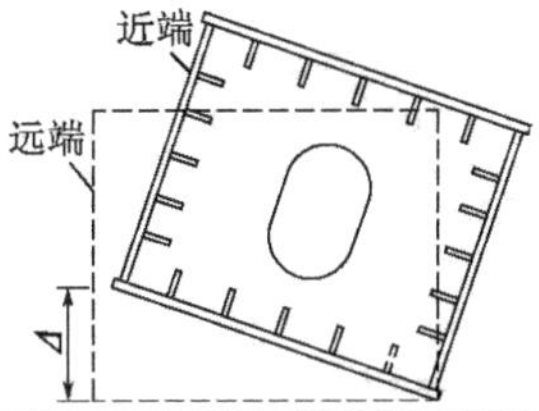

边箱梁成品尺寸允许偏差　　表 5-15

序号	项目		示意图	控制精度（mm）	JTG/T F50 允许偏差（mm）	备注
1	梁长	顶板长度 L_1	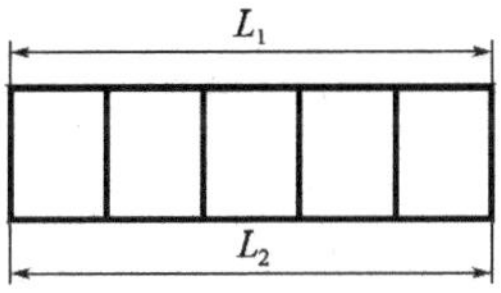	±2.0	±2.0	关键指标
		底板长度 L_2		±2.0	±2.0	关键指标
2	梁高	工地接头处	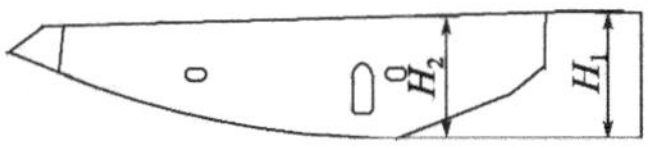	±2.0	±2.0	关键指标
		其余部位		±3.0	—	新增指标
3	梁宽	横梁接头处无横梁接头处箱口处	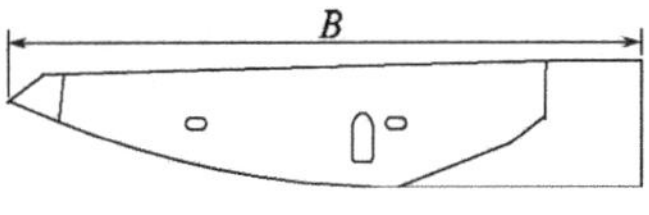	±4.0	±4.0	
4	端口尺寸	边箱梁横断面对角线差值偏差 $\mid L_1 - L_2 \mid - \Delta$，$\Delta$ 表示理论差值的绝对值	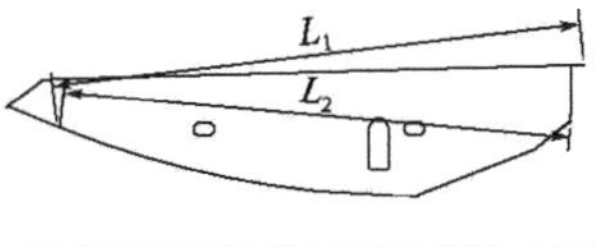	±3.0	不大于6	关键指标

续上表

序号	项　目		示 意 图	控制精度(mm)	JTG/T F50 允许偏差(mm)	备注
5	吊点位置	边箱梁两吊点高差偏差	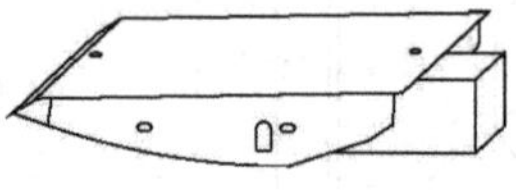	±4.0	±5.0	
		边箱梁吊点中心距偏差		±2.0	±2.0	关键指标
		两吊点纵向错位		±2.0	—	新增指标
6	顶板	边箱梁四角水平高差	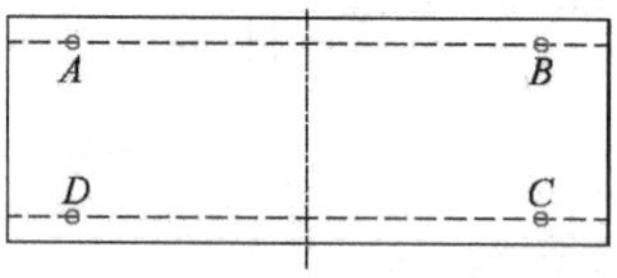	±4.0	±6.0	
7	旁弯	边箱梁 f	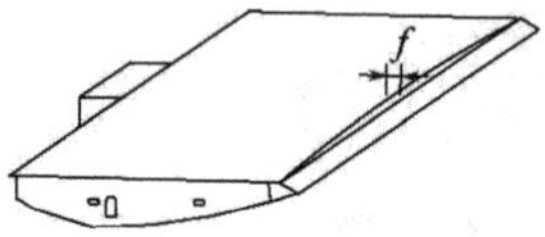	L/2000 且≤5.0	L/2000 且≤5.0	
8	横隔板	间距 S	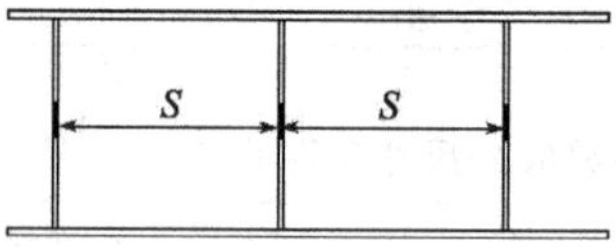	±3.0	—	新增指标
9	桥面	横坡	—	+0.2~0.1%	—	

钢箱梁预拼装允许偏差　　表 5-16

序号	项　目	控制精度(mm)	JTG/T F50 允许偏差(mm)	备注	说　明
1	预拼装长度 L	±2n	±2n	关键指标	n 为梁段数，测最外侧两个节段横基线间距
		±2	—	新增指标	相邻梁段横基线间距
2	两相邻吊点纵距	±3	±3		测量相邻两个节段锚拉板间距
3	钢箱梁四个吊点标高差	≤6	—	新增指标	测量两锚拉板高差
4	钢箱梁八角水平高差	±4	—	新增指标	测量箱口侧两隔板与内外腹板交点高差，八角分别为边箱梁各四角
5	预拼装累加长度	±15	±15	—	累加已预拼装梁段的长度

续上表

<table>
<tr><th>序号</th><th colspan="2">项　　目</th><th>控制精度
(mm)</th><th>JTG/T F50 允许偏差
(mm)</th><th>备注</th><th>说　　明</th></tr>
<tr><td rowspan="2">6</td><td rowspan="2">钢箱梁宽度</td><td>箱口部位</td><td rowspan="2">±8</td><td rowspan="2">±8</td><td></td><td rowspan="2">在梁段两端口用钢盘尺测量宽度</td></tr>
<tr><td>其他部位</td><td></td></tr>
<tr><td>7</td><td colspan="2">梁段中心线错位</td><td>≤1</td><td>≤1</td><td></td><td>梁段中心线与桥轴中心线偏差</td></tr>
<tr><td>8</td><td colspan="2">纵肋直线度</td><td>≤1.5</td><td>≤2.0</td><td>—</td><td>梁段匹配接口处</td></tr>
<tr><td>9</td><td colspan="2">旁弯 f</td><td>3 +0.1Lm,且任意20m 测长内 f≤6</td><td>3 +0.1Lm,且任意20m 测长内 f≤6</td><td></td><td>测桥面中心线的平面内偏差。L_m 为任意 3 个预拼装梁段长度,以 m 计</td></tr>
<tr><td>10</td><td colspan="2">纵向竖曲线(预拱度偏差)</td><td>-5, +10</td><td>-5, +10</td><td>关键指标</td><td>沿桥中线测量隔板处标高</td></tr>
<tr><td>11</td><td colspan="2">对接缝错台</td><td>≤2</td><td>—</td><td>新增指标</td><td>梁段匹配接口处安装匹配件后</td></tr>
</table>

斜拉桥索塔区钢箱梁段安装指标 表 5-17

<table>
<tr><th rowspan="2">序号</th><th rowspan="2">指标类别</th><th rowspan="2">检 测 项 目</th><th rowspan="2">控 制 精 度</th><th colspan="2">相关规范</th><th rowspan="2">备注</th></tr>
<tr><th>规定值或允许偏差(mm)</th><th>来源</th></tr>
<tr><td>1</td><td rowspan="3">关键指标</td><td>轴线偏位(mm)</td><td>3</td><td>5</td><td>《公路桥涵施工技术规范》(JTG/T F50—2011)</td><td></td></tr>
<tr><td>2</td><td>梁段横向对称点高(mm)</td><td>±5</td><td>—</td><td rowspan="2">—</td><td rowspan="2">新增指标</td></tr>
<tr><td>3</td><td>梁锚固点高程或梁顶高程(mm)</td><td>符合设计和施工控制要求(±2)</td><td>—</td></tr>
<tr><td>4</td><td rowspan="4">一般指标</td><td>梁顶水平度(mm)</td><td>20</td><td>20</td><td rowspan="4">《公路桥涵施工技术规范》(JTG/T F50—2011)</td><td></td></tr>
<tr><td>5</td><td>相邻节段匹配高差(mm)</td><td>2</td><td>2</td><td></td></tr>
<tr><td>6</td><td>梁段上 3 点相对高差(mm)</td><td>0 号梁段 ±3</td><td>±3</td><td></td></tr>
<tr><td>7</td><td>焊缝检查</td><td>符合规范及设计要求</td><td>符合规范及设计要求</td><td></td></tr>
</table>

斜拉索张拉指标

表 5-18

序号	指标类别	检测项目	控制精度	相关规范		备注
				规定值或允许偏差(mm)	来源	
1	关键指标	索力控制	符合设计和控制要求(±5%)	符合设计规定;设计未规定时与设计值相差10%	《公路桥涵施工技术规范》(JTG/T F50—2011)	
2		梁锚固点高程或梁顶高程(mm)	符合设计和施工控制要求(±2)	—	—	新增指标

横梁安装指标

表 5-19

序号	指标类别	检测项目	控制精度	相关规范		备注
				规定值或允许偏差(mm)	来源	
1	关键指标	横梁顶水平度(mm)	3	—	—	新增指标
2		横梁与桥轴线交角偏差(mm)	1.5	—		
3		高强螺栓扭矩(%)	±10	—		

对称悬臂安装指标

表 5-20

序号	指标类别	检测项目	控制精度	相关规范		备注
				规定值或允许偏差(mm)	来源	
1	关键指标	轴线偏位(mm)	悬臂拼装梁段 20	$L>200$m,$L/20000$	《公路桥涵施工技术规范》(JTG/T F50—2011)	
2		塔顶偏位(mm)	符合设计和控制要求;纵向不大于30,横向不大于20	符合设计和控制要求;未要求时纵向不大于30,横向不大于20		
3		梁段横向对称点高程(mm)	5	—	—	新增指标
4		梁锚固点高程或梁顶高程(mm)	符合设计和施工控制要求(±2)	—	—	

续上表

序号	指标类别	检测项目	控制精度	相关规范		备注
				规定值或允许偏差(mm)	来源	
5	一般指标	梁顶水平度(mm)	20	20	《公路桥涵施工技术规范》(JTG/T F50—2011)	
6		相邻节段匹配高差(mm)	2	2		
7		梁段上3点相对高差(mm)	±3	±3		
8		焊缝检查	符合规范及设计要求	符合规范及设计要求		

临时墩、边墩墩顶梁段安装指标

表5-21

序号	指标类别	检测项目	控制精度	相关规范		备注
				规定值或允许偏差(mm)	来源	
1	关键指标	轴线偏位(mm)	悬臂拼装梁段20	$L>200$m, $L/20000$	《公路桥涵施工技术规范》(JTG/T F50—2011)	
2		梁锚固点高程或梁顶高程(mm)	符合设计和施工控制要求(±2)	—	—	新增指标
3		梁段横向对称点高程(mm)	5	—	—	
4	一般指标	梁顶水平度(mm)	20	20	《公路桥涵施工技术规范》(JTG/T F50—2011)	
5		相邻节段匹配高差(mm)	2	2		
6		梁段上3点相对高差(mm)	±3	±3		
7		焊缝检查	符合规范及设计要求	符合规范及设计要求		

合龙段梁段安装指标

表5-22

序号	指标类别	检测项目	控制精度	相关规范		备注
				规定值或允许偏差(mm)	来源	
1	关键指标	轴线偏位(mm)	10	10	《公路桥涵施工技术规范》(JTG/T F50—2011)	
2		索力(%)	符合设计和施工控制要求(±5%)	符合设计规定;设计未规定时与设计值相差10%		
3		梁锚固点高程或梁顶高程(mm)	符合设计和施工控制要求(±2)	—	—	新增指标
4		梁段横向对称点高程(mm)	5	—	—	

续上表

序号	指标类别	检测项目	控制精度	相关规范		备注
				规定值或允许偏差(mm)	来源	
5	一般指标	梁顶水平度(mm)	20	20	《公路桥涵施工技术规范》(JTG/T F50—2011)	
6		钢梁纵向高程	符合设计和施工控制要求	符合设计和施工控制要求		
7		焊缝检查	符合规范及设计要求	符合规范及设计要求		

斜拉桥成桥线形指标

表 5-23

序号	指标类别	检测项目		控制精度	相关规范		备注
					规定值或允许偏差(mm)	来源	
1	关键指标	轴线偏位(mm)		10	10	《公路桥涵施工技术规范》(JTG/T F50—2011)	
2		桥面宽偏差(mm)	行车道	±20	—	—	新增指标
3			检修道				
4		桥长偏差(mm)		+30,-100	—		
5		桥头高程衔接(mm)		±3	—		
6		梁段横向对称点高程(mm)		5	符合控制要求		
7		引桥中线与主桥中线的衔接(mm)		±20	—		
8		成桥索力(kN)		符合设计和施工控制要求(±5%)	符合设计规定;设计未规定时与设计相差10%	《公路桥涵施工技术规范》(JTG/T F50—2011)	
9		成桥钢箱梁跨中竖向偏差(mm)	$L=100$m	±10	—	—	新增指标
10			$L=308$m	±25			
11			$L=806$m	±50			
12		索塔顶纵向偏差(mm)		符合设计要求;纵向不大于30	符合设计和控制要求;未要求时纵向不大于30	《公路桥涵施工技术规范》(JTG/T F50—2011)	

5.4 精度保障

5.4.1 桥塔线形控制精度保障

5.4.1.1 拼缝控制措施

(1)主墩塔柱模板拼缝处理时,为减小拼缝间隙,先对面板进行试拼,若拼缝不合格,

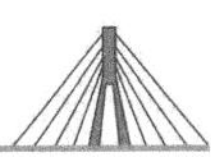

采用木刨修整直至合格，面板试拼合格后按顺序将面板接缝处涂抹玻璃胶黏结成整体，并用纵横收紧带将面板收紧，最后用自攻螺钉固定。

(2)主墩塔柱施工时，为了减少模板拼缝，对于大面积的混凝土，模板面板拼缝与大模板的拼缝必须与设计的明缝、蝉缝相对应，按结构的构造线形进行模板分块及安排模板拼缝；间隔2m设置一个模板底口压紧装置，并结合最底层拉杆收紧使模板紧贴已浇筑混凝土面，保证节段间错台不超限。

5.4.1.2 平整度控制措施

(1)塔柱混凝土浇筑过程中采用带线看模法，严格控制模板各部位线形，防止模板出现挠度过大情况，同时安排有经验的木工在模板安装及混凝土浇筑时进行拉杆收紧工作，控制模板平整度。

(2)单节塔柱施工时，所有面板安装完成后，在整块模板顶部和底部增加端头木方，以提高模板两端整体刚度，同时防止起吊时木梁跟面板间发生位移而引起模板变形。

5.4.1.3 轴线、高程控制措施

(1)索塔施工期间随时观测塔柱的变形，汇总监测数据至监控组，经过监控组分析并下发索塔调整值，以保证塔柱几何形状符合设计要求。在塔柱的收缩、徐变和弹性压缩因素的影响因素下结合基础沉降情况，综合分析塔高增高值，确保索塔纵向变形满足要求。

(2)索塔1~3层模板利用钢围堰加密控制点测定节段模板角点坐标，根据计算器推算的该点高程面处设计坐标与其对比，通过模板调节装置配合手拉葫芦将其精确调整至要求范围内。浇注完成后采用同样的观测方法对混凝土截面进行验收，逐步汇总各节段面偏差，指导下一层模板调整方向，保证索塔线形趋于顺直。

5.4.2 鞍座安装控制精度保障

5.4.2.1 胎架制作精度保证措施

(1)考虑水流影响减小平台的晃动，在靠南侧围堰内采用型钢搭设新增拼装场地，在现有平台上选择一块起重机工作范围可覆盖的区域，在选定的区域上利用型钢制作一个独立的拼装平台，所有的拼装工作在拼装平台上完成；平台自上相当于一个刚体结构，在平台的两侧分别设置测量平台和对准平台实现相对位置的测控，可以消除由于施工平台扰动对拼装精度的影响；平台搭设测量顶面平整，按±2mm控制平整度，如图5-9所示。

(2)底部平台顶部需保证位于同一标高水平面上，中间核心筒体立柱需保持竖直。中间核心筒体外轮廓尺寸比劲性骨架内轮廓小5cm，便于起吊时骨架与刚性平台顺利脱离。劲性骨架立柱与中间核心筒体之间填塞钢楔块并临时焊接固定，确保骨架与刚性平台之

间不发生刚体位移。全站仪架设在中间核心筒体上,可完成锚体特征点的精确放样。

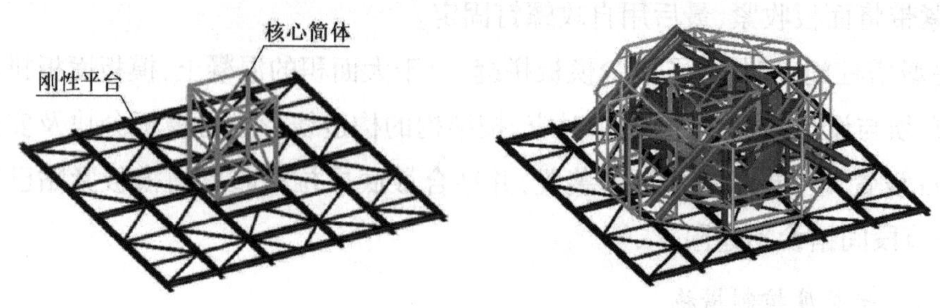

图 5-9 刚性平台布置图

(3)建立地面测量监控系统,同向回转鞍座的安装受光照,温度,风向,塔柱外部受力等外部因素影响较大,为保证安装的精度,需采用相对观测法。找出塔柱的“0 状态”时间,在塔柱“0 状态”时,再控制确定具体位置。

(4)根据现场布置鞍座定位劲性骨架场地(刚性平台),建立独立施工坐标系统,该坐标系应满足其中心位置及其相对几何关系与鞍座锚体设计坐标保持一致,便于现场作业控制以及保证后续整体吊装定位的统一性;具体流程为:在核心筒体顶部安装测量塔(简易强制对中点),在刚性平台边侧安装对准塔→标记场地十字形轴线→每节鞍座锚体骨架安装前检核十字形中心坐标→根据劲性骨架及鞍座锚体特征点的设计坐标放样及验收。

5.4.2.2　鞍座定位架匹配制作精度保证措施

1)施工前先通过建模进行理论分析,对鞍座定位骨架整体吊装结构的安全性进行校核,取得相关应力及变形参数,定位架兼做钢筋劲性骨架,定位架平面布置如图 5-10 所示,立面示意如图 5-11 所示。

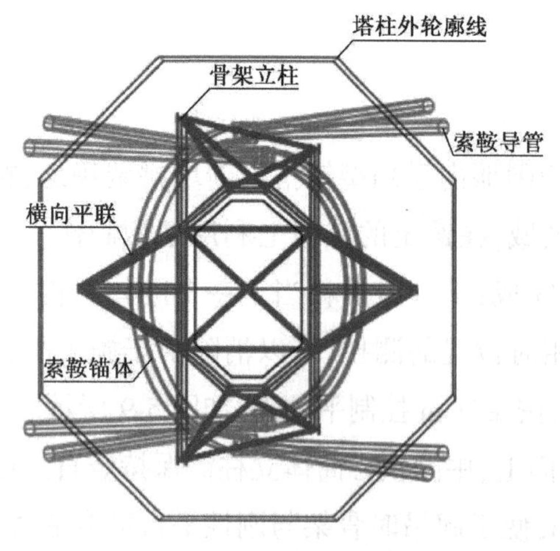

图 5-10　定位架平面布置图

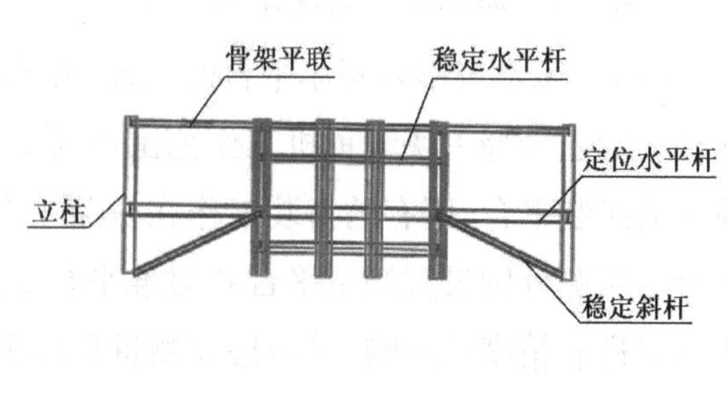

图 5-11　定位架立面示意图

2)先进行地面拼装,控制流程如下:

(1)先根据骨架尺寸,在加工平台上使用墨线弹出骨架立柱外轮廓线。

(2)先安装核心筒体旁边的骨架立柱,与中间核心筒体之间填塞钢楔块并临时焊接固定,同时安装部分定位水平杆以及其他剩余立柱,形成骨架的基本框架。

(3)垂直下放下层鞍座锚体,以锚体顶点、出口三个点为定位点确定鞍座位置,完成锚体初步就位。

(4)在下层锚体上焊接限位板,再吊装上层鞍座锚体,垫块厚度同上下层鞍座间隙宽度,安装鞍座骨架剩余稳定水平杆件。

(5)在加工平台上用墨线弹出钢筋骨架底层水平杆和立杆的外轮廓线,安装钢筋骨架底层水平杆,再焊接立杆。

(6)焊接钢筋骨架的上层水平杆件,包括用来临时固定导管的水平杆。

(7)竖直下放导管,临时固接在钢筋骨架的水平杆件上。

(8)焊接钢筋骨架剩余的水平杆,形成整体。

3)胎架上采用短线法预制,在定位架的立柱顶部焊接限位卡板,限位卡板作用是为在塔上快速进行定位架对接时,能够使第 n+1 节定位架与第 n 节定位架快速准确对位连接。逐个鞍座整体拼装完成后利用起吊设备进行安装,骨架起吊就位后进行定位测量,确认位置无误后,进行焊接。

4)鞍座安装前先进行劲性骨架制作定位安装,再进行鞍座吊装就位,后进行微调精确定位;骨架相邻竖杆底部相对高差不超过2mm,确保定位骨架的加工精度。

5)在地面组拼时完成骨架之间的定位关系,在已安装劲性骨架顶口根据待安装骨架尺寸焊接限位码板。在吊装就位完成后只需将待安装鞍座的骨架立柱与已安装骨架顶口限位码板对准即可。在鞍座地面精确测量定位后保留三向调节装置,作为塔上整拼安装时备用调整,平台拼装如图 5-12 所示。

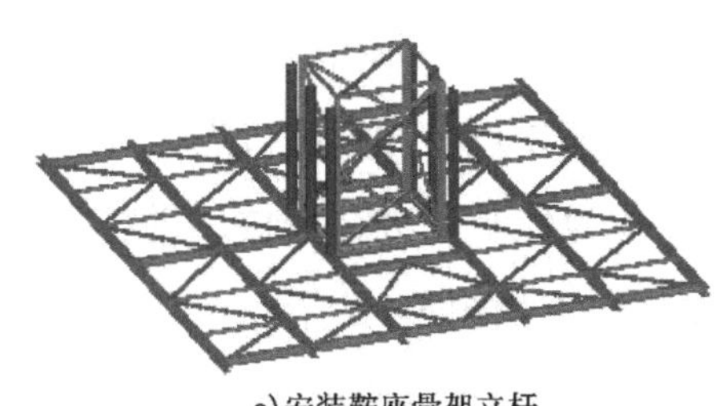

a)安装鞍座骨架立杆

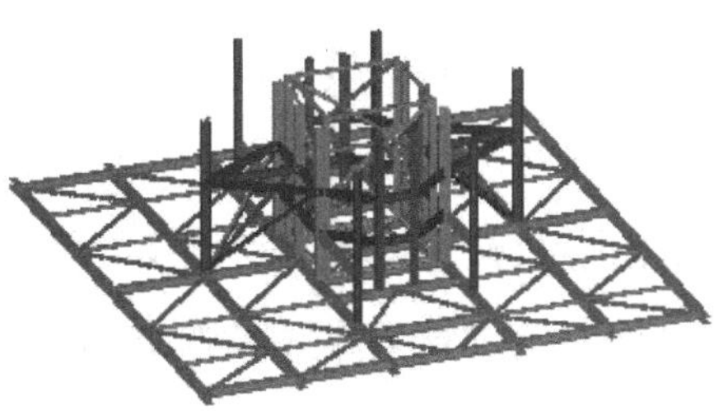

b)安装定位水平杆

图 5-12

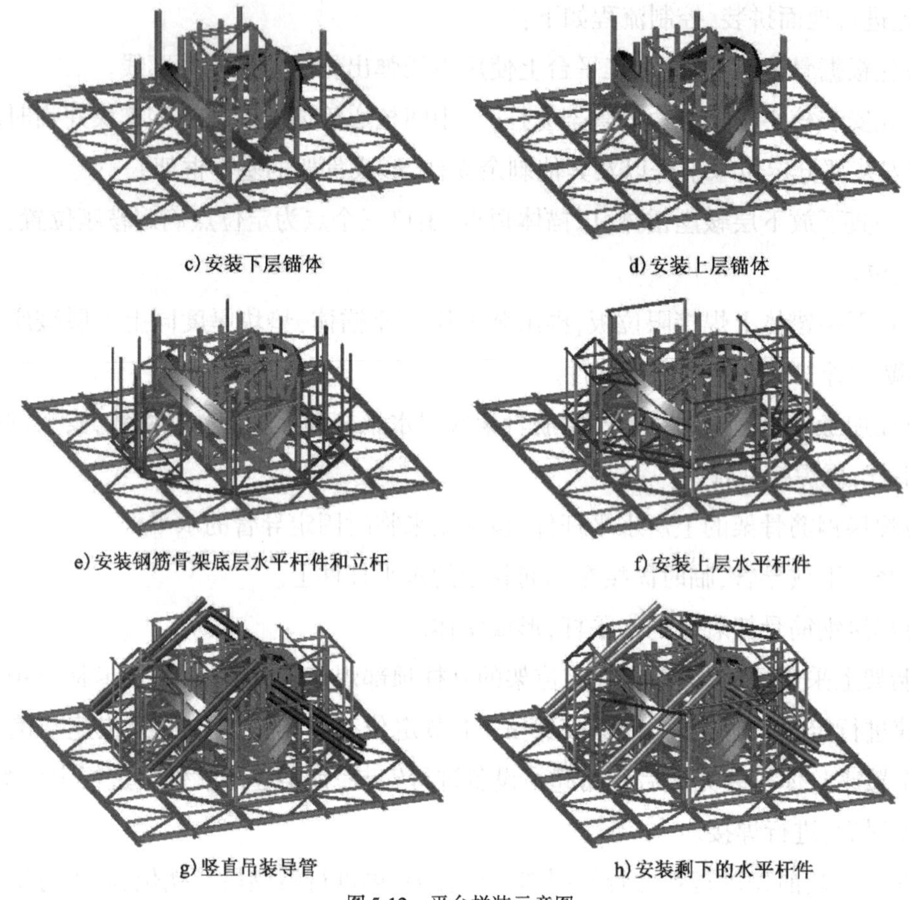

图5-12　平台拼装示意图

5.4.2.3　鞍座地面调整及固定精度保证措施

1)劲性骨架定位安装完成后,在鞍座顶点位置附近安装调节器,并对调节器进行精确定位,准确定位后固定调节器;调节器既可沿着高度方向进行调整,也可绕着鞍座顶点转动。

2)吊装鞍座于调节器之上,根据测量数据将鞍座中心位置位于调节器中心处,在每一组鞍座的定位点下方,均设置有调节装置,在鞍座吊装到位,利用该调节装置可对鞍座进行三向精确调整。三向调整方式采用倒链、手持式千斤顶进行调节。

3)鞍座定位可采用三点定位、五点校核法,以鞍座顶点及导管出口点作为控制点进行定位,以鞍座顶点、鞍座锚体端点以及导管出口点作为控制点进行校核。拼装平台上校核完成后将鞍座与定位骨架焊接牢靠,鞍座匹配制作布置如图5-13所示。

5.4.2.4　鞍座整体吊装变形精度保证措施

1)整体吊装时,鞍座导管采用临时固定措施。由于鞍座劲性骨架外圈还有钢筋的骨架,所以可以利用钢筋骨架对导管进行临时固定。在导管外缘焊接两个临时耳板,将耳板与钢筋骨架上的水平杆件用螺栓临时固接。每个导管有两个临时固接点,增加稳定性,防止导管发生晃动或者翻转。导管保持倾斜姿态,待整体吊装至塔上后再精调,塔下匹配如图 5-14 所示。

2)在鞍座的起吊过程中需要采用专用的吊具进行吊装,吊具应消除在起吊过程中对骨架产生的水平力,尽量保证骨架的完整性。应该确保主骨架能够直接由吊具起吊,减小骨架在吊装过程中的变形,整体起吊如图 5-15 所示。

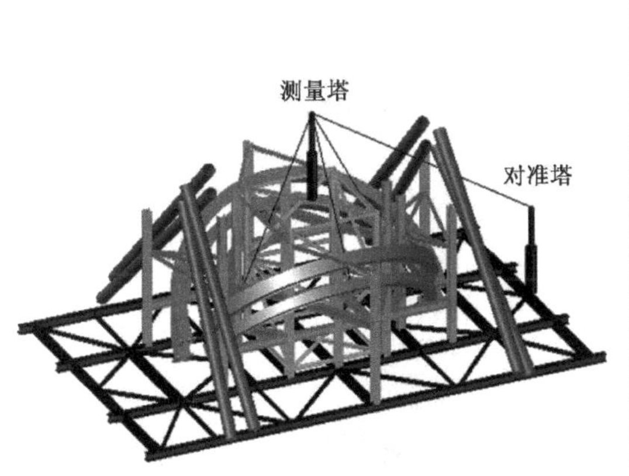

图 5-13　鞍座匹配制作布置图

图 5-14　塔下匹配

图 5-15　整体起吊

5.4.2.5　鞍座塔上对接固定精度保证措施

(1)地面组装时,在已安装鞍座劲性骨架立柱顶端焊接限位码板,鞍座劲性骨架的连接通过主杆相对定位完成,在两层骨架之间设置用于快速定位的限位孔,在地面组拼时完成骨架之间的定位关系,留好定位板的螺栓孔。在吊装就位完成后只需对鞍座骨架之间的定位孔进行对准,导管临时固定措施如图 5-16 所示。

(2)鞍座导管采用临时固定措施,每个导管设两个临时固接点,增加稳定性,防止导管发生晃动或者翻转。导管保持倾斜姿态,待整体吊装至塔上后再精调。

(3)鞍座定位精确后,使用钢丝绳配合手拉葫芦将索导管吊住,专用吊架整体起吊如图 5-17 所示,解除索导管与骨架之间的临时固定,骨架对接如图 5-18 所示,将导管水平牵引至锚体,与其连接,完成初步定位。

(4)塔上鞍座采用五点校核法,以鞍座顶点及导管出口点作为控制点进行定位,以鞍座顶点、鞍座锚体端点以及导管出口点作为控制点进行校核,索导管与锚体对接如图 5-19 所示。

(5)骨架安装须保证伸入待浇混凝土段的上一层鞍座全部安装完成,节与节之间连接方式为焊接,接头满焊。

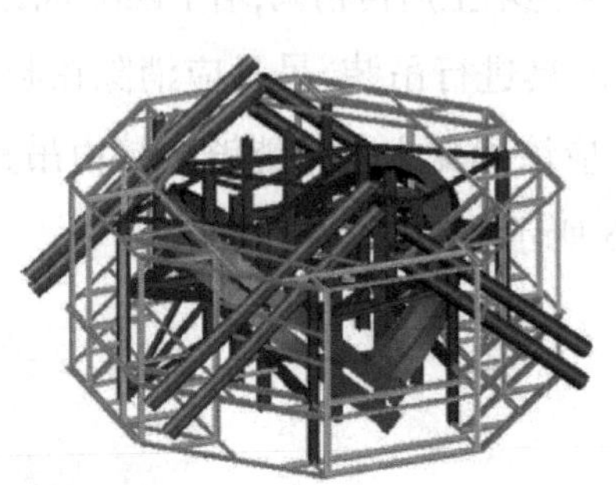

图 5-16　导管临时固定措施

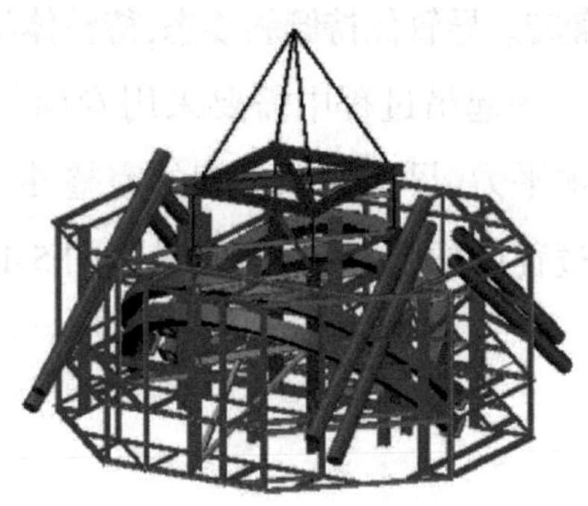

图 5-17　专用吊架整体起吊

图 5-18　骨架对接

a)

图　5-19

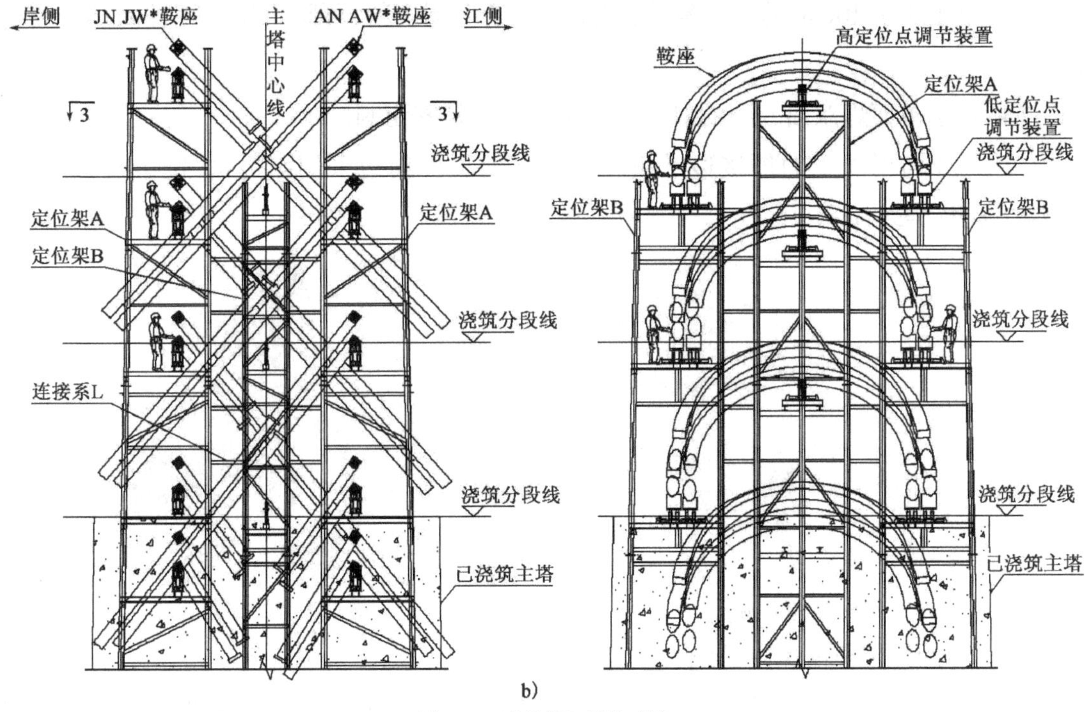

b)

图5-19 索导管和锚体对接

5.4.3 钢箱梁加工与安装精度保障

5.4.3.1 零件下料及加工保障措施

1)零件下料精度保障措施

(1)零件下料应根据零件的具体形状和大小确定下料方法,对于较长矩形板件采用多嘴头门式切割机精切下料,切割精度可保证在0.5mm以内,如图5-20所示。

(2)对于形状复杂的板件采用CAM系统的数控切割机精切下料,切割精度可保证在0.5mm以内,同时可保证零件形状满足要求,如图5-21所示。

图5-20 多嘴头门式切割机精切下料

图5-21 数控切割机精切下料

(3)对于小于10mm的较薄零件,采用等离子切割下料,可防止较薄零件因切割受热产生变形。

(4)对于单面焊双面成型的对接坡口采用火焰精密切割。

(5)对于需要加工的焊接边或精度要求高的板件周边采用刨边机、铣边机加工,如图5-22及图5-23所示。

图5-22 零件刨边

图5-23 零件铣边

2)U肋的加工精度保障措施

U肋采用等离子切割机或门式切割机精切下料,用双面坡口加工机加工两长边,该设备适用厚度6~30mm钢板,精度可保证达到0.5mm;在双机联动数控折弯设备上折弯成型,使其满足技术标准要求,U肋坡口加工如图5-24所示。

图5-24 U肋坡口加工

5.4.3.2 板单元制作精度保障措施

1)板单元组装精度保障措施

板单元组装采用自动定位组装设备进行组装,焊缝除锈采用自动除锈除尘设备,定位焊采用机械手自动定位焊接,设备通过红外线跟踪划线、自动跟进压紧等功能保证U肋或板肋组装精度,如图5-25所示。

2)底板单元圆弧度保障措施

底板单元圆弧度通过试验确定U肋焊接引起的板单元变形量,在反变形胎架上设置

合理的反变形量,通过焊接变形量的控制保证圆弧度精度,如图5-26所示。

图5-25　板单元自动组装施工

图5-26　焊接反变形胎架

3)板单元焊接质量保障措施

板单元焊接采用门式多电极焊接专机进行焊接,该专机可实现自动定位跟踪、焊丝自动补偿、多嘴头同时焊接等功能,设置合理的焊接参数,可保证焊缝成形良好,避免不对称焊接产生的板单元扭曲变形,如图5-27所示。

4)板单元修整保障措施

板单元修整采用专用修整胎架进行修整,同时,对U肋间距辅以样板检测,保证修整精度满足要求,如图5-28所示。

图5-27　板单元多嘴头焊接

图5-28　板单元修整专用胎架

5.4.3.3　钢箱梁整体组装及预拼装精度保障措施

1)设计胎架保障

为确保钢箱梁的外形轮廓尺寸及板单元件定位的准确性,针对本桥钢箱梁结构特征,设计制作钢架式总拼胎架。总拼胎架制作按要求设在厂房内,以减少风雨天气对质量和生产进度的影响钢箱梁总拼胎架如图5-29所示。

图 5-29　钢箱梁总拼胎架

钢箱梁制作时以总拼胎架为外胎，以横隔板为内胎，通过测量塔和横向基准线即“三纵一横法”控制板单元及块体（部件）就位，在尽可能少的马板约束下施焊。待胎架上的所有边箱梁组焊完成后，再在胎架上与横梁进行预拼装作业。

2）节段制造关键指标保障措施

（1）桥面横坡：严格控制焊接变形，焊接过程采取约束体系，防止边侧反弹，必要时隔板设置反向预拱。

（2）箱口几何尺寸：采用总拼胎架刚性约束，测量控制网精确定位各板单元组装精度，焊接过程采用合理的焊接顺序，控制好焊接变形及焊接收缩。

（3）梁长：顶、底板单元各留一端在总拼时配切，避免焊接收缩对梁长的影响，同时综合考虑制造线形、环缝间隙、弹性压缩量等对梁长的影响。

（4）锚拉板等部件组装精度：采用“三纵一横”测量控制网精确控制组装位置，焊接过程严格控制焊接变形。

（5）钢箱梁接口匀顺度：严格保证箱口尺寸，精确控制纵肋间距。

3）钢箱梁预拼装指标保障措施

（1）严格按预拼装胎架上的纵横基准线摆放复位段，同时控制复位段标高。

（2）在每个梁段纵横基线的交点处架设全站仪，根据纵基线修正梁段横基线。

（3）采用全站仪或激光经纬仪以独立于胎架的稳固测量基准点检测梁段纵基线位置，若超差则调整梁段空间位置，使其纵基线与中间测量塔基线位置一致，各梁段位置经检查合格后用临时件连成整体。

（4）待钢箱梁节段全部就位后，以顶板为基准检查线形、长度及工地焊缝间隙等。

（5）用盘尺检测相邻梁段横基线间距，量测两点取平均值，以此确定梁段接口间匹配件的安装位置。待各项点检查合格后，组焊临时匹配件。

(6)组装匹配件后,以中间测量塔确定的纵基线为基准,划出桥位组装对位线,并在两端头打上样冲,作为桥位精确对位的基准。

5.4.3.4 索塔区梁段安装保证措施

(1)为了确保南、北两主塔墩的架梁线形一致,架梁前确定相同重量起重机的指导原则,均按140t控制进行桥机设计。

(2)为确保两主塔墩成桥后的线形、钢箱梁内力及索力的一致性,通过监控计算、设计优化等对南北岸的总体架梁方式进行统一,即索塔区墩顶3个节段钢箱梁通过浮吊架设,索塔区墩顶3个节段架设完成后进行桥面起重机第一次拼装,完成试验合格后通过桥面吊对称悬拼梁段。

(3)为确保索塔区墩顶梁段的安装精度,在每块需要滑移的梁段统一设置垫块,垫块纵向位置设置在临时吊点对应的两道横隔板上,钢垫块留出40~50cm足够空间来放置三向调梁千斤顶,用于调节梁段的三向坐标。

(4)为确保体系解除后的两索塔梁段的线形,索塔区梁段的纵、横、竖向约束构造均设置一致,且竖向的拉压锚固力一致。

(5)通过工地横向焊接工艺,保证容许的焊缝间隙可在一定的范围内调整,以帮助消除部分制造及安装误差。

(6)现场焊接设置防风防雨设施,所有主要受力部件焊接在钢箱梁悬拼拼装前完成,焊接完成后及时进行焊缝无损检测。

5.4.3.5 斜拉索张拉保证措施

(1)为使每根索中各钢绞线索力均匀,采用等张拉力法进行张拉,即每根钢绞线的拉力以控制压力表读数,用传感器读数进行监测。

(2)张拉过程中,检查24h内不同时段斜拉索索力、塔柱位移以及各截面应变,分析日照、风力对施工控制的影响,便于及时进行调整。

(3)采用传感器或振动频率测力计检测各拉索索力值,同时应视防震圈及索的弯曲刚度等状况对测值予以修正,每组及每索的拉力误差超过设计规定时应进行调整。

(4)超长斜拉索(最长索1000m)对称张拉时,通过在四台油顶上的同步张拉监控系统数据,保证了四索面张拉同步。

(5)在钢箱梁悬拼过程中,斜拉索的风振、雨振非常明显,直接影响箱梁悬拼时的控制,施工过程中通过在斜拉索下端与桥面间用拉缆连接构成临时减振装置。

(6)张拉过程中,对梁面高程及锚固点高程跟踪测量,便于及时通知监控采取调整措施。

5.4.3.6 横梁安装保证措施

(1)永久安装横梁前,先安装临时横梁,梁段临时横向连接的作用之一是在悬臂拼装过程调节两幅梁之间的间距;其二是对于不设横梁梁段,可以用于抵消斜拉索张拉产生的水平分力。临时横梁现场分段设置,即左端钢管、中间钢管和右端钢管,中间钢管外套于端部钢管,中间钢管与端部钢管之间设有千斤顶作用牛腿,用于调节临时横向连接的长度。端部钢管通过法兰盘固定在内侧斜拉索工作箱腹板上。

(2)临时横向连接匹配之前,需预先启动横梁两端的千斤顶,调整两幅梁段之间的宽度以满足设计要求。临时横向连接采用栓接连接。

(3)永久横梁安装前,在永久横梁旁相应的位置设置牛腿,安装临时的辅助横梁,辅助横梁采用栓接连接,通过临时横梁千斤顶调节,调整两幅梁段之间的宽度及高度以满足永久横梁的法兰螺栓安装要求。

(4)永久横梁吊装时采用两台调频天车同步抬吊,通过天车千斤顶进行横移,永久横梁随左右幅梁段到位后,可通过临时横梁顶推对两幅梁段的端口宽度进行调整,用纵向移动门架直接起吊安装。横梁初步就位后,安装匹配连接件,按要求进行栓接,完成横梁安装。

5.4.3.7 对称悬臂安装保证措施

(1)钢箱梁存在吊点中心与其重心不重合,在钢箱梁刚被吊离船甲板时还应注意其是否水平,通过专门设计的调节装置,三角形吊具上的调节丝杆(或一字形吊具的微调油缸),最终保证钢箱梁被吊起时处于水平状态。

(2)钢箱梁悬臂架过程中,桥面起重机采用同步系统,保证了四台桥面起重机均速同步进行。

(3)利用扁担梁上的水平千斤顶调整箱梁节段的纵向坡度,利用两侧吊具不同步来调整箱梁节段的横向坡度,使两相邻梁段同一位置上下接口的缝隙宽度基本相等,使待装梁段的纵横坡与已装钢箱梁基本一致。

(4)利用纵向调位千斤顶驱使钢箱梁的纵向移动,同时拉动布置于两梁段间的纵向和斜向手拉葫芦,使梁段向已装钢箱梁靠拢。

(5)同步对钢箱梁对称悬拼期间的结构分析与变形控制,做到前期预判,提前预告监控参数。

(6)钢梁架设过程中,塔柱的偏位对钢梁的平面位置影响较大,而塔柱易受光照、温度、风力等外界环境因素的影响产生扰度变形,随着塔柱高度的增加,扰度变形增大,为钢箱梁安装架设带来了很大的难度。通过下横梁处左右塔肢上埋设一组观测棱镜,每隔

30m 左右埋设一组，在江边加密控制点（强制对中墩）上观测预埋棱镜，选择昼夜温差大，晴天，进行 24h 连续观测，观测频率为次/2h，绘制纵横桥向的变形曲线，通过数据进行规律分析，为后续钢箱梁线形控制提供参考。

5.4.3.8 临时墩、边墩墩顶梁段安装保证措施

（1）临时墩顶梁段提前采用浮吊放置墩顶，待桥面吊架至时，箱梁节段的纵向坡度通过扁担梁上的水平千斤顶调整，横向坡度利用两侧吊具不同步来调整箱梁，使待装梁段的纵横坡与已装钢箱梁基本一致。

（2）边墩钢箱梁提前放置墩顶后，通过墩顶设置的滑移平台及三向顶装置，调节梁段的三向坐标。

（3）临时墩、边墩梁段标高的确定在温度稳定、风速较小的时段进行，并考虑温度的影响，就位后，迅速连接临时匹配件，及时进行接缝施焊。

5.4.3.9 合龙段墩顶梁段安装保证措施

（1）中跨合龙采用两台桥面吊机进行抬吊，以确保合龙左右对称，减少高差偏差。

（2）合龙段前两节段开始对合龙两侧钢箱梁进行联测，保证合龙线性的平顺性，如有偏差需及时调整，整个测量过程均需在夜间或者凌晨时间进行，保证数据的稳定性和准确性；最后一跨合龙段拼装之前应采集两侧钢梁特征点平面及高程数据，提供给工厂，以便制造最后一段合龙段箱梁。

（3）合龙温度按照近期 24h 气温下钢箱梁变化的有关资料，选择一天内气温变化不大，持续时间较长，由监控单位给出在钢箱梁伸缩量较小的温度作为合龙温度。

5.4.3.10 成桥线形安装保证措施

（1）钢箱梁合龙后，按照监控要求对墩顶约束进行对称、分级、同步进行。

（2）全桥钢梁贯通后，对全桥高程特征点进行一次高程联测，将实际的竖向线形与设计竖向线形相比较，如有偏差，在保障拉索索力满足设计要求下对索力进行微调，使线形控制满足指标要求。

第6章　节段连续梁建造

6.1　概述

芜湖二桥引桥与接线工程大范围运用全体外束节段梁型式(图6-1、图6-2),全线共计20034榀,采用工厂化流水化短线匹配的生产方式。该梁体具有轻型、薄壁、大悬臂特点,大幅度降低了预制与架设对施工器械的要求。

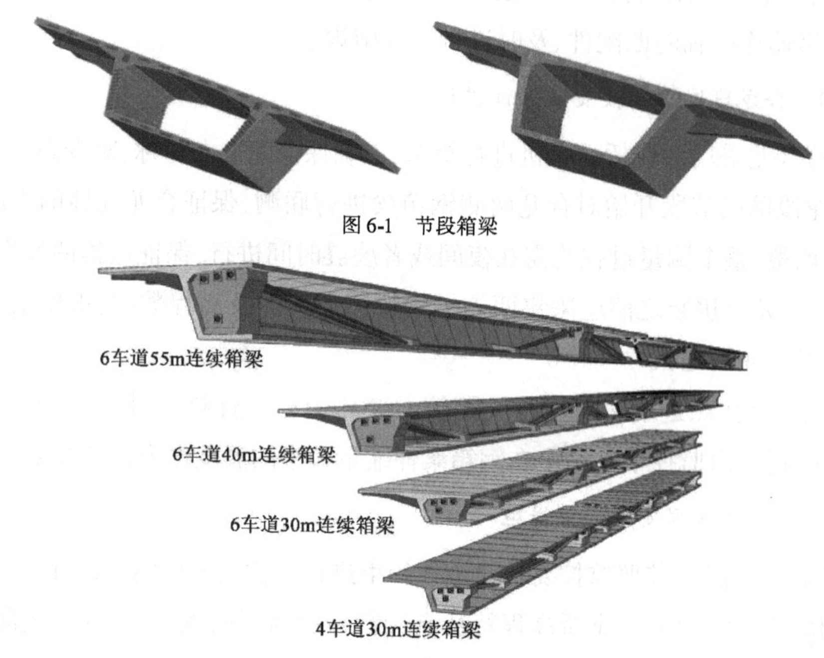

图6-1　节段箱梁

图6-2　节段箱梁组装图

创新结构型式亟需精心的建设过程,对品控提出了更为严格的要求。一方面影响运营中桥梁各构件保持安全、耐久状态的主要建造环节为构件的预制与拼装环节,人为因素成为较难控制的环节。另一方面我国节段梁的运用尚处于初始阶段,相关规范和施工经验还比较少。因此,对节段梁制造的精度控制提出了较大挑战。

工作人员通过大量的基础研究工作,对节段梁制造、安装关键质量内容以及相应工序保障措施进行了深入的研究,发现控制的关键是在桥梁各构件的拼装中贯穿高精度控制理念。通过大数据技术形成的节段梁工厂制造及安装精度,为节段梁桥的建造提供标准,

也补充了节段梁质量控制的相关技术规程。

6.2 标准工序

6.2.1 加工预制

节段梁短线匹配法制造施工工序流程如图 6-3 所示。

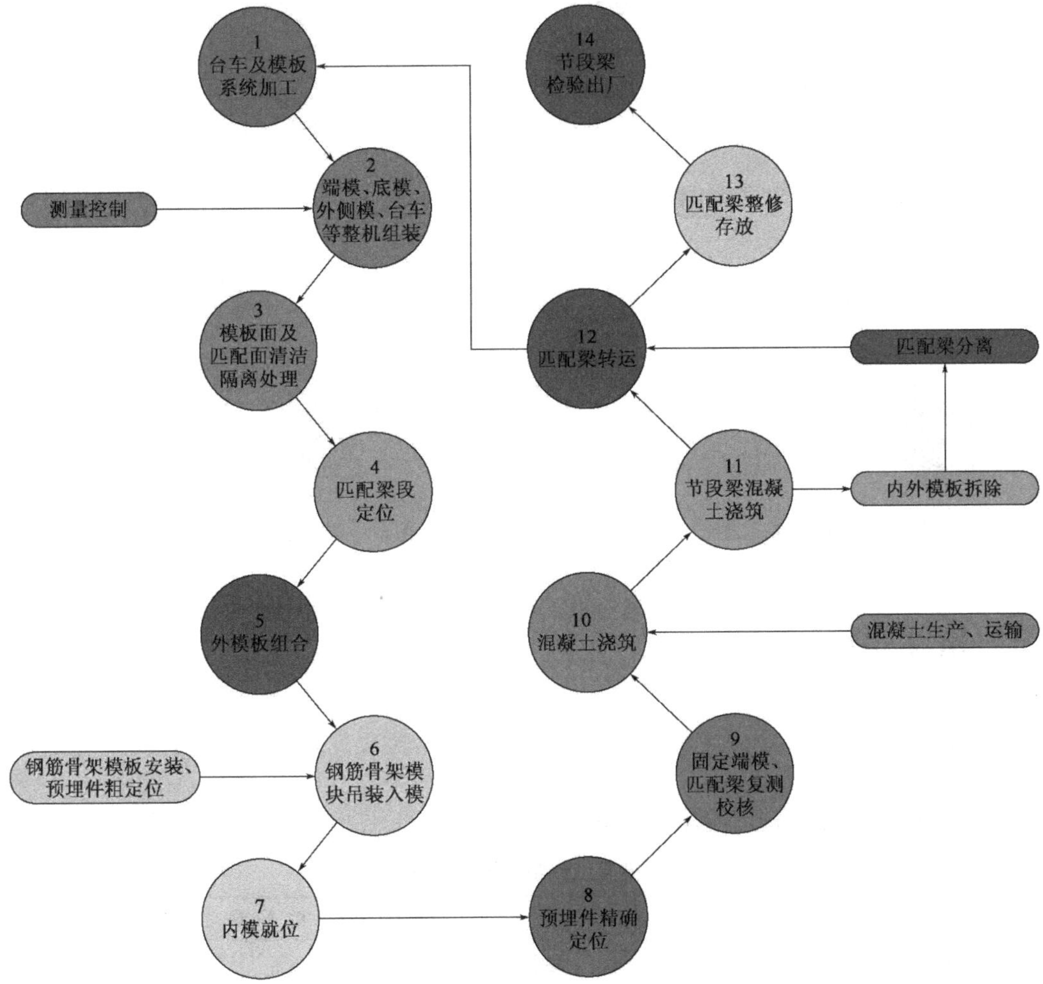

1 台车及模板系统加工
2 端模、底模、外侧模、台车等整机组装
测量控制
3 模板面及匹配面清洁隔离处理
4 匹配梁段定位
5 外模板组合
6 钢筋骨架模块吊装入模
钢筋骨架模板安装、预埋件粗定位
7 内模就位
8 预埋件精确定位
9 固定端模、匹配梁复测校核
10 混凝土浇筑
混凝土生产、运输
11 节段梁混凝土浇筑
内外模板拆除
匹配梁分离
12 匹配梁转运
13 匹配梁整修存放
14 节段梁检验出厂

图 6-3 节段梁短线匹配法制造施工工序流程图

6.2.2 现场安装

节段梁安装工序流程和节段梁线形控制流程图如图 6-4 和图 6-5 所示。

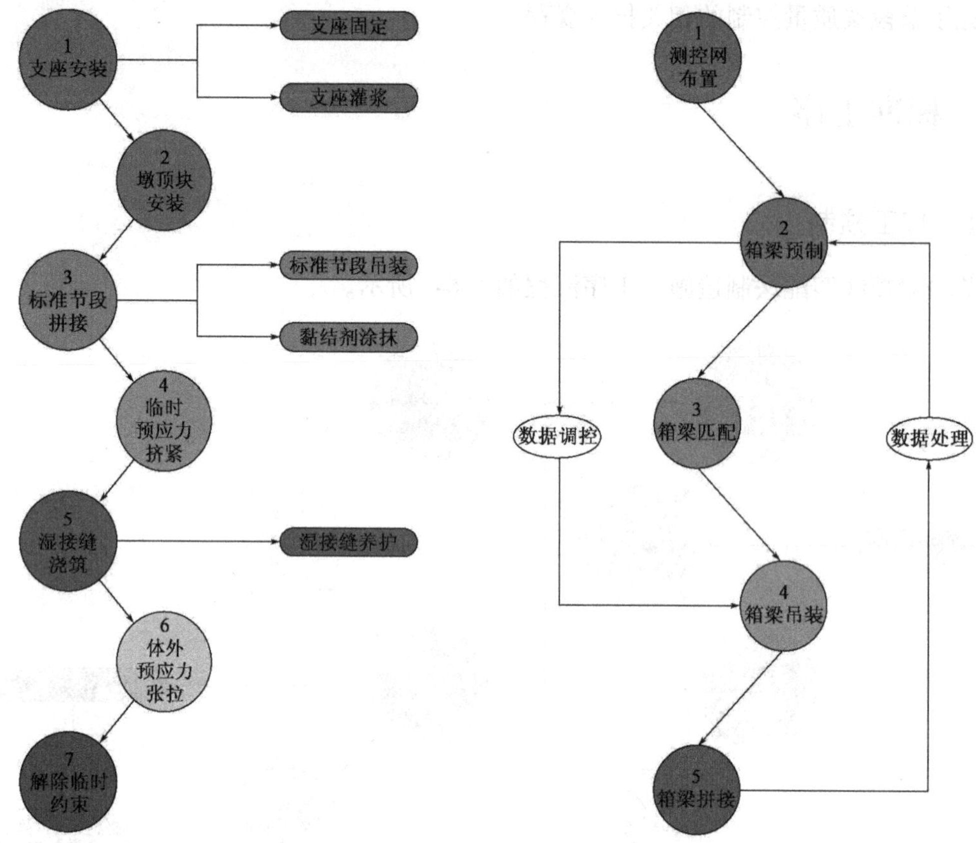

图 6-4　节段梁安装工序流程图

图 6-5　节段梁线形控制流程图

6.3　精度指标

6.3.1　加工预制

模具设计制造控制精度要求如表 6-1 所示。

模具设计制造控制精度　　表 6-1

序号	指标类别	指标名称	控制精度	相关规范		备注
				规范规定值或允许偏差	来源	
1	一般指标	表面外露的模板挠度(mm)	$L/400$	$L/400$	《公路桥涵施工技术规范》(JTG/T F50—2011)	
2		表面隐蔽的模板挠度(mm)	$L/250$	$L/250$		
3		模板的钢棱变形(mm)	$L/500$	$L/500$		
4		柱箍变形(mm)	$B/500$	$B/500$		

续上表

序号	指标类别	指标名称	控制精度	相关规范		备注
				规范规定值或允许偏差	来源	
5	关键指标	模板稳固周转使用次数（次）	250	—	—	新增指标
6		底模面板厚度（mm）	12	—		
7		内模面板厚度（mm）	8	—		
8		固定及活动端面板厚度（mm）	10	—		
9		侧模面板厚度（mm）	10	—		
10		模具面板变形（mm）	1	1.5	《公路桥涵施工技术规范》（JTG/T F50—2011）	
11		预制台座沉降（mm）	0	2		

模具整机组装控制精度要求如表6-2所示。

模具整机组装控制精度　　表6-2

序号	指标类别	指标名称		控制精度（mm）	相关规范	
					规范规定值或允许偏差（mm）	来源
1	一般指标	剪力键位置		2	2	《公路桥涵施工技术规范》（JTG/T F50—2011）
2		剪力键高程		2	2	
3		支座板、锚固垫板等预埋钢板位置		3	3	
4		支座板、锚固垫板等预埋钢板平面高差		2	2	
5		连接配件（螺栓、卡子等）的孔眼位置	孔中心与板面的间距	±0.3	±0.3	
6			板端中心与板端的间距	0，-0.5	0，-0.5	
7			沿板长、宽方向的孔	±0.6	±0.6	
8	关键指标	板面局部不平		1	1	
9		板面和板侧挠度		±1.0	±1.0	
10		面板端偏斜		≤0.5	≤0.5	
11		模板标高		±10	±10	
12		长和高		0，-1	0，-1	
13		肋高		±3	±5	
14		表面平整度		1	3	
15		相邻两板表面高低差		1	2	
16		轴线偏位		1	2	
17		垂直度		H/1000，且不大于2	H/1000，且不大于3	

模板面及匹配面清洁隔离处理控制精度要求如表6-3所示。

模板面及匹配面清洁隔离处理控制精度

表 6-3

序号	指标类别	指 标 名 称	控 制 精 度	相关规范		备注
				规范规定值或允许偏差	来源	
1	一般指标	模板面清洁度	无可见杂物,触摸无凹凸感,无可见锈迹、焊渣	—	—	新增指标
2		脱模剂	水溶性,固定平牌;参合比例固定,误差1%。涂刷均匀,无明显汇集	—		
3		匹配梁端面	无酥松残渣、粉尘,梁体外侧轮廓无任何残留	—		
4		隔离剂	涂刷均匀、平整,无气泡、气孔、刷痕,厚度0.5~1mm。品种选择时应考虑清洗	—		

节段梁匹配控制精度要求如表6-4所示,外模板组合控制精度如表6-5所示,钢筋、骨架模块入模控制精度如表6-6所示。

节段梁匹配控制精度

表 6-4

序号	指标类别	指 标 名 称		控制精度(mm)	相 关 规 范		备注
					规范规定值或允许偏差(mm)	来源	
1	一般指标	测控精度	测点布置	±30	—	—	新增指标
2			轴线	两次测回,差值±1时平均	—		
3			高程	两次测回,差值±1时平均	—		
4			梁长	两次测回,差值±1时平均	—		
5		匹配定位	隔离剂厚度	0,5	—	《公路桥涵施工技术规范》(JTG/T F50—2011)	
6	关键指标		纵轴线	1	2		
7			高程	2	±2		
8			待浇段梁长	+0,-2	—	—	新增指标

外模板组合控制精度

表 6-5

序号	指标类别	指 标 名 称		控制精度(mm)	相 关 规 范		备注
					规范规定值或允许偏差(mm)	来源	
1	一般指标	外模下圆弧与底模间错台		≤2	—	《公路桥涵施工技术规范》(JTG/T F50—2011)	
2		侧模与端模、底模及横向端模与侧模之间拼缝间隙		≤2	—	—	新增指标
3		模板与匹配梁接缝		0.5	—		
4		模板与匹配梁搭接		不小于40	—		
5	关键指标	模内尺寸	长度	+1,-3	+1,-3	《公路桥涵施工技术规范》(JTG/T F50—2011)	
6			宽度	+3,-2	+3,-2		
7			高度	+0,-2	+0,-2		

钢筋骨架模块入模控制精度　　表 6-6

序号	指标类别	指标名称	控制精度	相关规范		备注
				规范规定值或允许偏差(mm)	来源	
1	关键指标	钢筋起吊变形(mm)	≤20	—	—	新增指标
2		钢筋入模变形(mm)	≤5	—		
3		标准节段钢筋吊点(个)	≥12	—		
4		墩顶节段钢筋吊点(个)	≥16	—		

内模板组合控制精度要求如表 6-7 所示，预埋件精确定位要求精度如表 6-8 所示，固定端模及匹配梁复测校核精度要求如表 6-9 所示，混凝土浇筑控制精度要求如表 6-10 所示。

内模板组合控制精度　　表 6-7

序号	指标类别	指标名称	控制精度(mm)	相关规范		备注
				规范规定值或允许偏差(mm)	来源	
1	一般指标	内模板各组件间错台	≤2	—	《公路桥涵施工技术规范》(JTG/T F50—2011)	
2		内模与端模拼缝间隙	≤2	—	—	新增指标
3		模板与匹配梁搭接	≥40	—		
4		模板与匹配梁接缝	0.5	—		
5	关键指标	模内长度	+1, -3	+1, -3	《公路桥涵施工技术规范》(JTG/T F50—2011)	
6		模内宽度	+3, -2	+3, -2		
7		模内高度	+0, -2	+0, -2		
8		内模下倒角处压板宽度	≥100	—	—	新增指标

预埋件精确定位精度　　表 6-8

序号	指标类别	指标名称	控制精度(mm)	相关规范	
				规范规定值或允许偏差(mm)	来源
1	一般指标	螺栓、锚筋等位置	5	10	《公路桥涵施工技术规范》(JTG/T F50—2011)
2		螺栓、锚筋等外露尺寸	5	±10	
3		吊装孔	2	2	
4	关键指标	预应力筋孔道	±3	±10	

固定端模及匹配梁复测校核精度 表6-9

序号	指标类别	指标名称	控制精度(mm)	相关规范		备注
				规范规定值或允许偏差(mm)	来源	
1	关键指标	待浇梁段长度	≤10	—	—	新增指标
2	关键指标	匹配梁高程	≤5	—		
3	关键指标	匹配梁轴线	≤2	—		

混凝土浇筑控制精度 表6-10

序号	指标类别	指标名称	控制精度	相关规范		备注
				规范规定值或允许偏差	来源	
1	一般指标	混凝土浇筑分层厚度(mm)	≤300	300	《公路桥涵施工技术规范》(JTG/T F50—2011)	
2		振捣点布置间距(mm)	300	不超过振捣作用半径1.5倍		
3		混凝土坍落度(mm)	160~180	—		
4	关键指标	混凝土入模温度(℃)	≥5	≥5		
5		浇筑过程中梁长变化(mm)	≤2	—	—	新增指标
6		顶面收面平整度(mm)	2	5	《公路桥涵施工技术规范》(JTG/T F50—2011)	
7		拉毛深度(mm)	≤5	—	—	新增指标

内外模板拆除控制指标要求如表6-11所示，匹配梁分离控制指标要求如表6-12所示，节段梁吊装转运控制指标要求如表6-13所示，节段梁整修存放控制指标要求如表6-14所示。

内外模板拆除控制指标 表6-11

序号	指标类别	指标名称	控制精度	相关规范		备注
				规范规定值或允许偏差	来源	
1	一般指标	梁体混凝土强度	达到25MPa，不得出现粘模现场	承重模板应在混凝土强度能承受其自重荷载及其他可能叠加的荷载时方可拆除	《公路桥涵施工技术规范》(JTG/T F50—2011)	
2		外观	不得扰动固定端模板，损伤实体结构外观	—	—	新增指标

匹配梁分离控制指标 表6-12

序号	指标类别	指标名称	控制精度	相关规范		备注
				规范规定值或允许偏差	来源	
1	一般指标	匹配松动(mm)	匹配梁与待浇梁松动上顶<2	—	—	新增指标
2		分离速度(m/min)	匹配分离速度<0.5	—		
3		剪力键破损率(%)	<0.5	—		

节段梁吊装转运控制指标 表6-13

序号	指标类别	指标名称	控制精度	相关规范		备注
				规范规定值或允许偏差	来源	
1	一般指标	梁体混凝土强度(MPa)	≥45	—	—	新增指标
2		吊装孔、棱角破损率(%)	<0.5	—		

节段梁整修存放控制指标 表6-14

序号	指标类别	指标名称	控制精度	相关规范		备注
				规范规定值或允许偏差	来源	
1	一般指标	存放层数(层)	2	2	《公路桥涵施工技术规范》(JTG/T F50—2011)	
2		预留孔道堵孔率(%)	0.50	—	—	新增指标
3		凿毛范围(mm)	离构件轮廓边缘≤10	—	—	
4		支撑点偏位(mm)	50	—	—	
5	关键指标	安装前存放龄期(d)	90	设计无要求时,28	《公路桥涵施工技术规范》(JTG/T F50—2011)	

梁段质量检验标准如表6-15所示。

梁段质量检验标准 表6-15

序号	指标类别	指标名称	控制精度	相关规范		备注
				规范规定值或允许偏差	来源	
1	一般指标	横坡(%)	±0.15	±0.15	《公路工程质量检验评定标准 第一册 土建工程》(JTG F80/1—2004)	

续上表

序号	指标类别	指标名称	控制精度	相关规范		备注
				规范规定值或允许偏差	来源	
2	一般指标	端面垂直度(mm)	±5	—	—	新增指标
3		横隔板厚度(mm)	+5,-0	—	—	
4		转向块厚度(mm)	+5,-0	—	—	
5		肋板厚度(mm)	+5,-0	—	—	
6		横隔板、转向块、肋板位置(mm)	±5	—	—	
7	关键指标	混凝土强度(MPa)	合格标准内	合格标准内	《公路工程质量检验评定标准 第一册 土建工程》(JTG F80/1—2004)	
8		麻面面积(mm^2)	≤0.5%	—	—	新增指标
9		麻面深度(mm)	2	—		
10		出厂剪力键、棱角破损率/%	≤0.5%	—		
11	关键指标	表面裂纹	≤0.15mm,超过必须处理	≤0.15mm,超过必须处理	《公路工程质量检验评定标准 第一册 土建工程》(JTG F80/1—2004)	
12		预制节段长度(mm)	+0,-2	+0,-2	《公路桥涵施工技术规范》(JTG/T F50)	
13		高度(mm)	±5	±5		
14		顶板、底板宽度(mm)	+5,-0	+5,-0		
15		厚度(mm)	+5,-0	+5,-0	《公路工程质量检验评定标准 第一册 土建工程》(JTG F80/1—2004)	
16		翼缘板长度(mm)	±5	—	—	新增指标
17		端面平整度(mm)	2	5	《公路工程质量检验评定标准 第一册 土建工程》(JTG F80/1—2004)	
18		顶面平整度(mm)	2	5		
19		节段梁重量(%)	±1	—	—	新增指标
20		保护层厚度(mm)	±5	±5	《公路桥涵施工技术规范》(JTG/T F50—2004)	
21		保护层合格率(%)	≥90	—	—	新增指标

6.3.2 现场安装

节段梁安装线形控制指标要求如表 6-16 所示，支座安装控制指标要求如表 6-17 所示，墩顶块安装控制指标要求如表 6-18 所示。

节段梁安装线形控制指标　　表 6-16

序号	指标类别	指标名称	控制精度	相关规范		备注
				规定值或允许偏差	来源	
1	一般指标	拼缝错台(mm)	±2	—	—	新增指标
2		桥面平整度(mm)	≤3	—	—	
3		箱梁安装倾斜度(mm)	1.20%	—	—	
4	关键指标	箱梁安装轴线偏位(mm)	10	10	《公路桥涵施工技术规范》(JTG/T F50—2011)	
5		箱梁安装顶面高程偏差(mm)	±20	±20		
6		箱梁安装同跨对称点高差(mm)	20	20		
7		箱梁安装轴线偏位(mm)	10	10		
8		箱梁安装顶面高程偏差(mm)	±20	±20		
9		箱梁安装相邻节段高差(mm)	8	10		
10		箱梁安装相邻节段横向转角偏差(rad)	±0.001	—	—	新增指标

支座安装控制指标　　表 6-17

序号	指标类别	指标名称	控制精度	相关规范		备注
				规定值或允许偏差	来源	
1	一般指标	墩顶块安装支座中心偏位(mm)	5	—	—	新增指标

墩顶块安装控制指标　　表 6-18

序号	指标类别	指标名称	控制精度	相关规范		备注
				规范规定值或允许偏差	来源	
1	一般指标	墩顶块四角顶面高程(mm)	±2	—	—	新增指标
2		墩顶块纵向位置(mm)	5	—		
3	关键指标	墩顶块安装轴线偏位(mm)	2	10	《公路桥涵施工技术规范》(JTG/T F50—2011)	
4		墩顶块安装顶面高程(mm)	±2	±20		

标准块安装控制指标要求如表 6-19 所示，湿接缝浇筑控制指标要求如表 6-20 所示，预应力张拉控制指标要求如表 6-21 所示。

标准块安装控制指标 表 6-19

序号	指标类别	指标名称	控制精度	相关规范		备注
				规定值或允许偏差	来源	
1	一般指标	标准块安装轴线偏位(mm)	10	10	《公路桥涵施工技术规范》(JTG/T F50—2011)	
2		标准块安装顶面高程(mm)	±20	±20		
3		标准块安装同跨对称点高差(mm)	20	20		
4		标准块安装倾斜度(%)	1.20	—	—	新增指标
5		箱梁拼接挤压后黏结剂厚度(cm)	0.5~1	1	《公路桥涵施工技术规范》(JTG/T F50—2011)	
6	关键指标	标准块安装相邻节段高差(mm)	8	10		
7		标准块安装相邻节段横向转角偏差(rad)	±0.001	—	—	新增指标
8		拼缝错台(mm)	±2	—		
9		桥面平整度(mm)	≤3	—		

湿接缝浇筑控制指标 表 6-20

序号	指标类别	指标名称	控制精度	相关规范	
				规定值或允许偏差	来源
1	关键指标	梁连续湿接头混凝土强度(MPa)	合格标准内	合格标准内	《公路桥涵施工技术规范》(JTG/T F50—2011)

预应力张拉控制指标 表 6-21

序号	指标类别	指标名称	控制精度	相关规范		备注
				规定值或允许偏差	来源	
1	一般指标	体外预应力张拉钢束坐标束长方向(mm)	±10	—	—	新增指标
2		体外预应力张拉钢束坐标束高方向(mm)	±10	—		
3	关键指标	体外预应力张拉张拉力值	符合设计要求	单根设计规定值±5%,整束设计规定值±2%,均匀性设计规定值±3%	《公路桥涵施工技术规范》(JTG/T F50—2011)	
4		体外预应力钢束张拉伸长率	设计规定值±6%	设计规定值±6%		
5		限位器纵向间距(mm)	20	—	—	新增指标
6		体外预应力张拉钢束断丝、滑丝数	每束1根,且每断面不超过钢丝总数的1%	每束1根,且每断面不超过钢丝总数的1%	《公路桥涵施工技术规范》(JTG/T F50—2011)	

6.4　精度保障

6.4.1　模具设计制造及安装阶段

(1)模具面板采取铣刨工艺进行处理。

(2)模板的设计制造除按规范要求考虑荷载外,预制箱梁内模具严禁设置拉杆,即采用无拉杆模具。模具自身构造及安装必须稳固,需保障循环使用250次以上且不变形。

(3)模具材质采用Q235钢标准钢材,底模具面板厚度不得小于12mm,内模具面板厚度不得小于8mm,固定及活动端模具不小于10mm,侧模面板厚度不小10mm。

(4)预制台座地基设计方案需处理到位,台座周围2m范围内必须进行防水封闭处理。台座施工前,宜进行地基基础预压,待地基沉降稳定后进行台座施工。

(5)预制台座基础宜采用钢筋混凝土结构,混凝土强度等级不宜低于C30。钢筋需为双层布置,基础平面尺寸与模板设计布置相适宜,且考虑棚内养护存梁需求,厚度宜大于40cm。

(6)模板接缝处止浆措施需严密,采用橡胶止浆带时,其宽度不小于20mm。胶条挤压前高度大于模板拼接限界1~2mm,胶条需具备足够的弹性、韧性,满足周转使用需求。

6.4.2　模具整机组装

(1)在整个模具系统中,固定端模的精度要求最高。安装固定端模,端面与待浇梁段中轴线垂直,且在竖向保持铅直。端模上翼缘要进行标高检测,确保其水平度。必须进行中线、垂直度、水平度控制。

(2)固定端模、模板支架系统、操作平台及通道、底模及内模板滑移轨道需与台座基础采取刚性固接。

(3)在整个模板系统中,固定端模的精度要求最高,安装固定端模时必须与待浇梁段中轴线垂直,且在竖向保持铅直;端模上翼缘要进行标高检测,确保其水平度。

(4)中线控制:固定端模上应对中心位置做精密标记,标记宽度应小于0.5mm。通过测量塔对塔轴线进行控制,调整模板左右位置,使标记与轴线重合,偏差不得超过±1mm。在模板两侧做同样标记,通过测量、调整端模顶左右两个测点,使端模与中线垂直,左右两个测点的距离偏差不得超过±2mm。

(5)水平度控制:利用全站仪测量固定端模左右侧2个控制点的高程值,通过调整使其相等确保其水平度,两点之间的差值不得超过±1mm。

(6)垂直度控制:采用垂线法对模板的垂直度进行检验,采用钢尺测量,最大偏差不得超过±2mm。

(7)侧模及支架安装:侧模与台座上的预埋件焊接牢固可靠。侧模与底模圆弧段与直线段相接处过度平顺,接缝严密。

(8)底模及台车安装:底模的中轴线与控制测量塔控制点连线重合。底模呈水平状态并与固定端模下缘良好闭合。底模台车辊排中轴线与台车轨道中轴线重合。

(9)内模及台车安装:施工中采取措施保证内模支架的稳定性。内模台车辊排中轴线与台车轨道中轴线重合。

6.4.3 模板面及匹配面清洁隔离处理

(1)接缝处及模板面打磨必须光洁,无污渍及混凝土残渣,达到手摸时无明显的凹凸感的状态(图6-6)。

(2)脱模剂涂刷全覆盖,保证涂刷均匀、无汇集现象,可采取有压喷洒的方式。

(3)控制匹配梁顶部养护水水流,防止冲刷匹配面隔离剂。混凝土浇筑前,必需清理一切残渣、废弃料,检查匹配面隔离剂完好性。

(4)隔离剂严格按配合比调制、搅拌均匀,如滑石粉有结块现象必须先将结块部分压成粉末状后才能开始拌制;采用细毛刷涂刷,厚度要均匀。

6.4.4 节段梁匹配阶段

(1)每跨首榀节段梁预制采用一端固定端模一端活动端模的方式,其他节段梁预制采用一端固定端模一端匹配梁的方式。

(2)匹配梁节段时,宜使用底模小车通过液压油顶驱动至5mm误差方位内,然后改用手动螺旋顶精调至设计位置的方法(图6-7)。

图6-6 模板清理打磨

图6-7 匹配梁就位

(3)匹配梁端隔离剂的涂刷厚薄必须均匀,特别是剪力键位置,厚度控制在1~2mm。

(4)为消除混凝土浇筑过程匹配梁产生的位移,将匹配梁段匹配面到待浇梁段固定端模的理论距离减小3mm作为匹配梁定位时控制的距离。

(5)匹配测控完成后,锁定匹配梁底模板支腿后,方可松动自动液压小调节车,转换受力体系后需复测匹配梁位置,结果差值应在测控误差范围以内。

(6)节段现浇过程中在顶面布置六个测点,宜作为匹配测控的测控点。六个测点中,FH、BH测点为轴线测点,采用U形圆钢预埋,FL、BL、FR、BR为高程测点,采用镀锌十字头螺栓预埋,每个测点均需要对高程以及平面坐标进行测量(图6-8)。

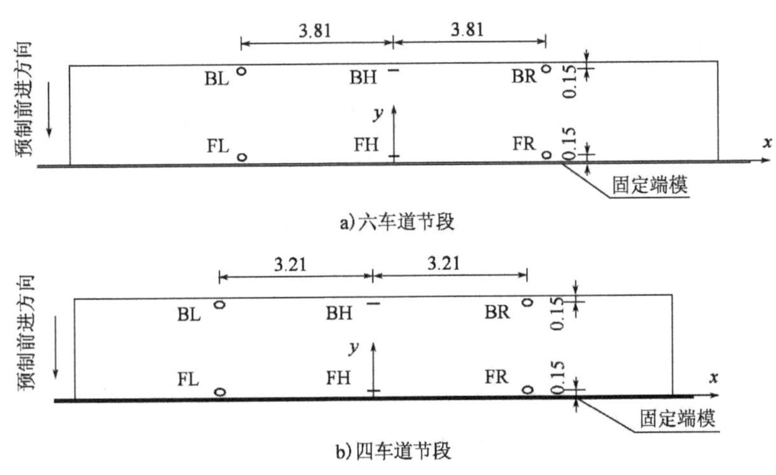

图6-8　测点平面布置(单位:m)

(7)养护结束后对预埋测点的坐标以及高程进行测量。对于首梁,仅测量首梁预埋测点,对于其他梁段,还需要增加对匹配梁段的测点进行测量。需要独立测量两个测回。

(8)其他测控及线形控制要求详见《线形控制精度》。

6.4.5　外模板组合

(1)外模支立顺序:先将上部倒角位置贴紧,然后调整翼缘端部下方的调节螺杆使翼缘模板与匹配梁和固定端模贴紧,最后利用腹板下倒角下方的调节螺杆和底板对拉螺杆将下圆弧与底模吻合。

(2)外模支立必须两侧对称操作,避免造成匹配梁位置变化;模板支立前后匹配梁高程、轴线、待浇梁长度变化需满足复核精度指标控制要求,若出现较大扰动则需重新进行匹配。合模时,宜设置1名联动指挥人员,负责指挥双侧同时合模。

(3)应先将两侧模板对称合拢至靠近匹配梁5cm位置,减慢操作速度,缓慢进行,防止单侧顶升过度导致匹配梁偏位,直至侧模距匹配梁5mm时两边侧模同步顶升直至侧模与匹配梁密贴，进行精确调整合拢，然后逐步对称贴紧匹配梁（图6-9）。

（4）将底模中线与固定端模上的中线对齐，调节底模下方螺杆使底模与固定端模和匹配梁贴紧。

（5）模板贴合后，检查各接缝处的密贴程度及错台情况，外模及外模与匹配梁、固定端模、底模间的缝隙；检查外模下圆弧与底模间错台及内模组件间拼装错台情况。

（6）外侧模通过花篮螺栓与固定端模支架连接，并将支腿滑槽两端的调节螺杆与支腿顶紧，支撑腿支撑牢固，无松动。

（7）外模与匹配梁接缝需在全断面设置双面胶条堵缝漏浆，接缝间隙 <2mm。

6.4.6 模块化钢筋骨架入模

（1）钢筋加工采用全套数控设备，实行流水线作业，从钢筋下料到弯制成品统一由数控设备完成，节约人工，提高加工精度，实现工厂化作业。

（2）钢筋安装进行模块化，采用专用的安装胎卡具，实现整体安装、整体吊装（图6-10）。

图6-9　合拢外侧模位

图6-10　钢筋吊装

（3）钢筋骨架入模前，其吊装姿态基本水平，骨架中轴线与模板轴线基本一致。

（4）钢筋骨架缓慢下放至模板上方10cm时暂停下落，检查保护层垫块、钢筋骨架姿态。对于钢筋骨架姿态的调整，严禁撬棍直接顶靠于模板或匹配梁端，防止扰动匹配梁。

（5）钢筋骨架入模后，宜及时设置匹配梁的纵向固定拉杆若有。

（6）钢筋骨架模块入模的其他要求详见《钢筋加工安装控制精度》。

6.4.7 内模板组合

（1）内模移入前，必须将可以连接固定的接缝连接好，严格按设计螺栓数量设置连接

螺栓，并处理好错台等质量问题，将内模下角模下方底模上的杂物清理干净。

(2)内模移入后，及时安装底模下方支撑螺杆并顶紧(图6-11)。

(3)内模与匹配梁接触的部位必须贴双面胶止浆。

(4)内模支立顺序：先伸长内模台车上的水平千斤顶将上倒角模板与匹配梁上倒角贴紧，然后松开手拉葫芦使腹板模及下倒角模板与端模和匹配梁接触，通过调节螺杆使模板与匹配梁和端模贴紧，最后通过内模台车上的竖向千斤顶将内模顶板顶起，与匹配梁和固定端模贴紧。

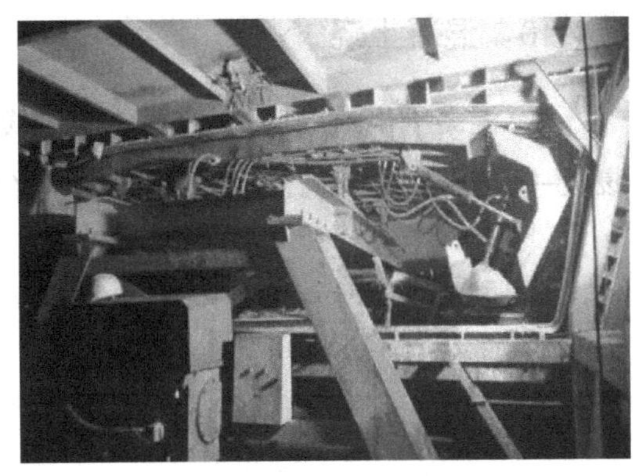

图6-11　内模安装

(5)顶升内模顶板时要派专人查看，避免因该模顶升过多造成固定端模变形。

(6)内模腹板铰接处接缝严格按设计螺栓数量设置连接螺栓，贴好双面胶止浆，并设置钢楔子限位装置防止混凝土浇筑过程中该部位出现错台。

6.4.8　预埋件精确定位

(1)横向预应力孔道定位U形筋设置间距30cm一道，定位误差控制在±6mm。

(2)横向弧形锚垫板定位：在锚垫板的2侧设置至少2个螺栓固定锚垫板的横向、竖向及角度。

(3)预埋件的其他控制措施详见《预埋件定位控制精度》。

6.4.9　固定端模及匹配梁复测校核

在混凝土浇筑前，对待浇梁长进行测试，梁长测试分别采用如下两种方法进行复核。

(1)通过FH、BH测点定位轴线，用尺量轴线长，应进行两次单独测量，测量误差在±1mm以内时认为测量结果合格，取两次测量结果的平均值。

(2)在两侧腹板位置测量梁长，用尺量轴线长，应进行两次单独测量，测量误差在±1mm以内时认为测量结果合格，取两次测量结果的平均值。

(3)对比轴线位置测量结果与两腹板位置测量结果，以校验轴线测量是否出现明显错误。

(4)实际梁长与理论梁长相差应控制在-2~0mm范围以内。

复核固定端模板及匹配梁的轴向、高程，按匹配放样的测控精度及方法进行。

6.4.10 混凝土浇筑

(1)混凝土浇筑顺序为:腹板浇筑约腹板1/2,使混凝土填满底、腹板交接处→底板→腹板→顶板;分层浇筑,厚度不超过30cm(图6-12)。

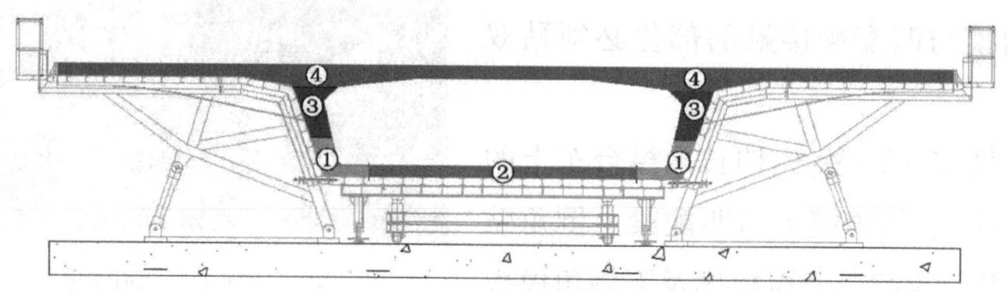

图6-12 浇筑示意图

(2)浇筑过程中严格控制混凝土的工作性能,坍落度宜在16~18cm。

(3)振捣:做到"定人、定位置、定插入深度",腹板每点振捣时间不少于45s,顶、底板每点振捣时间不少于35s;振点分布间距不大于30cm。腹板纵桥向振点分布不少于10个。上下2层振捣棒搭接深度50~100mm。振捣棒严禁直接碰撞预埋件、波纹管、模板。

(4)收面:混凝土收面用刮尺将表面刮平,刮尺两侧紧贴固定端模和匹配梁顶面,保证混凝土表面与模板顶面齐平,特别是箱梁顶面有预留孔洞的位置。为有效防止混凝土表面干缩裂缝,收面采用二次收面:第一次收成光面,待初凝前进行第二次收面木抹搓毛、拉毛。严格控制收面平整度,特别是箱梁顶面有预留孔洞的位置。

图6-13 梁面拉毛处理

(5)拉毛:为减少梁体顶面表面收缩裂纹,顶板表面进行拉毛处理。拉毛深度小于5mm,拉毛痕迹顺直,所有毛拉方向一致(图6-13所示)。

(6)为确保梁体顶面铣刨处理后结构的尺寸,梁体顶面增高5mm。

(7)浇筑过程,实时监测、监控匹配梁空间几何姿态的变化,变化幅度满足控制指标要求。若出现较大变化,应控制浇筑速度,并加强匹配梁纵向限位措施。模板在浇筑过程中模板面板中心以及接缝位置的变形不得超过±1mm,在首节段中面板中央以及面板最不利接缝各布置两个测点。

(8)混凝土浇筑的其他控制措施详见《高性能混凝土品质控制精度》。

6.4.11　节段梁混凝土养护

(1)顶端开启式生产车间中完成,养护总时间为14d,车间内养护7d,存梁区域养护7d。

(2)养生房内的养护由自动喷淋设备蒸汽养护温控系统完成。每侧翼缘板下方设置自动喷淋喷头9个,箱室内腹板设置12个。也可采取单点自滑式养护喷淋系统。喷淋水压控制0.2MPa以内,间隔时间10s。

(3)冬季采用暖棚配合覆盖养护,覆盖材料采用一层塑料薄膜和一层厚型土工布,除必须打开养生房顶棚和门窗时以外,其余时间必须关好门窗和顶棚,保证室内温度和湿度满足混凝土养护要求。

(4)其余季节自动喷淋+人工洒水养护,自动喷淋系统应对腹板内侧、腹板外侧、顶板底面、翼缘板底面进行有效养护,顶板顶面按要求用土工布覆盖进行人工洒水养护(图6-14)。

a)

b)

图6-14　节段梁夏季养护

(5)混凝土终凝后及时覆盖;首次洒水宜在混凝土初凝后2h进行,避免首次洒水过早造成混凝土表面“脱皮”;确保洒水次数,保证混凝土表面湿润。

(6)在匹配梁定位到待浇梁段混凝土浇筑前的这段时间,顶板顶面、底板顶面、腹板内侧用洒水壶洒水,避免养护水沿匹配面流下对隔离剂冲刷。

6.4.12　内外模板拆除控制措施

(1)模板拆除必须在待浇梁、匹配梁测控数据采集完数据后进行。

(2)模板拆除顺序:内模拆除→外模拆除→移入底模台车并顶升竖向千斤顶使匹配梁与新浇梁脱开→卷扬机牵引匹配梁至待吊位置,门式起重机将匹配梁吊走→卷扬机牵引新浇梁至匹配梁位置,门式起重机将底模吊放到待浇梁位置,模板拆除时不得造成箱梁边角缺损。

(3)节段梁拆模时混凝土强度：>25MPa。

(4)拆除过程不得使用撬棍直接顶撬梁体外表面，每侧模板必须同步分离，防止模板边角剐蹭梁体表面。必须注意棱角保护，破损情况必须满足控制指标要求。

6.4.13 匹配梁分离

(1)节段梁分离内外模板、底板活动节全部拆除后进行，分离时剪力键不得出现破损及粘模现象。

(2)匹配梁分离时的上顶不大于0.5mm，纵向移动速度小于50cm/min。梁体分离到位后，2榀梁之间的间距大于80cm，防止起吊过程发生成品碰撞损伤。

6.4.14 节段梁吊装转运

(1)吊装转运时，梁体混凝土强度、养护时间满足控制指标要求。

(2)吊装转运过程中，必须做好吊装孔、棱角边保护、防止破损。即箱梁起吊前按要求方向安装好楔形钢垫块，吊具安装好之后将精轧螺帽拧紧，并检查、调整各吊点的松紧情况使各点受力均匀。

(3)箱梁吊装过程中每榀箱梁进行称重，称重采取在门式起重机起吊钩上设置电子称进行；待称重数据稳定后按要求将梁段信息、称重日期、实际重量等数据填写在《节段梁称重记录表》内，表格填满后汇总至工程部存档。

(4)吊装过程中，节段梁应轻起慢落，避免对台座和下层箱梁造成冲击及梁体破损。

6.4.15 节段梁整修存放

(1)对于超出梁段重量允许偏差范围的节段梁，应立即查找原因：进行断面尺寸检查，如顶、底板厚度若超出范围则进行人工打磨处理；如腹板厚度若超出范围则进行对应台座模板的检查，找出原因进行相应的处理。

(2)严格按存梁规划存梁，尽量减少翻梁次数；存梁堆放二层、由下至上梁段重量递减、同一跨箱梁尽量集中堆放；支垫位置靠近腹板与底板交接处，上下层箱梁中轴线基本重合；底层箱梁支垫厚度不小于5cm，并应随时观察垫木压缩情况，避免箱梁底面与存梁台座直接接触，如发现这种情况必须立即将梁吊起并重新支垫。

(3)箱梁预埋孔内、底板预埋管件内填充砂清理干净，顶口割平，底口密封胶带清理干净。所有预埋管件底口水泥浆清理必须先从下往上先将口部清理后再清理内部，不得强行从上往下冲击，以免造成底口缺损。

(4)预埋铁件表面清理干净,刷漆防锈;箱室内建筑垃圾、匹配面隔离剂一并清理干净。

(5)槽口凿毛,湿接缝处端、转向块、横隔墙等需二次浇筑范围凿毛;凿毛质量满足控制指标要求,凿毛时混凝土强度不得低于2.5MPa。

6.4.16　节段梁验收出厂

节段梁出场前,按照节段梁质量检验控制指标,由承包人、监理人及发包人工程师对节段梁的外侧、结构尺寸等质量控制指标进行批量验收(图6-15)。合格后由承包人、高级驻地、业主代表联合签发出厂合格证。

图6-15　构件尺寸检测

6.4.17　拼缝控制措施

节段箱梁安装拼接时,匹配面涂胶应涂刷均匀,采取总量控制+插针检查的方法控制,单面厚度2~3mm,双面1~1.5mm为宜,接缝胶应饱满,不得有空隙。

6.4.18　平整度控制措施

1)节段箱梁安装时,匹配梁段放样时,应进行单独两次测回,两测回数据都应满足下列控制标准,且差值不应大于±1mm,以两测回平均作为最终实际放样位置。

2)箱梁架设平面坐标定位精度:某桥基准块应控制预制阶段预埋测点FL、FH、FR、BL、BH、BR坐标与指令之间差值应小于等于2mm。

(1)FH、BH测点X值与指令之间校差不得为异号。

(2)FL、FR测点Y值与指令之间的校差的差值不得大于±2mm。

(3)BL、BR测点Y值与指令之间的校差的差值不得大于±2mm。

6.4.19　轴线、高程控制措施

(1)节段箱梁安装时,坐标测量每次单独进行两个测回的测量,如果差别过大,应进行复测,根据三次测量结果分析差别过大的产生原因。保证两次测回的数据差值在±1mm以内认为合格,取两次测回的平均值作为最终测试结果。高程测量也应当进行两个测回。采用全站仪以及精密水准仪时,两次测量差值在±1mm以内认为测试合格,取两次测回的平均值作为最终测试结果。

(2)箱梁架设定位测点之间放样偏差与测量偏差导致基准块产生初始偏转,该初始偏

转对后续梁段影响较大,为尽可能减小初始偏差,基准块轴线定位精度,通过测量新增测点坐标,并将坐标转换至桥位坐标系下,与监控提供的指令进行校验。

6.4.20 支座安装保障措施

1)安装前相对各滑移面清洗干净,支座其他构件保持清洁;支座除标高符合设计要求外,确保平面四角高差不得大于2mm;支座上下各构件纵横向必须对中。当由于安装时温度与设计温度不同,纵向支座上下各构件错开的距离必须与计算值相等;支座安装时上下导向挡块必须保持平行,交叉角不得大于5;支座中心线与主梁中心线应重合平行;安装地脚螺栓时其外露螺母顶面的高度不得大于螺母的厚度。

2)支座灌浆料采用早强高强支座专用灌浆料,在正式灌注前,在监理工程师的监督下按照产品说明配水搅拌灌浆料。

3)拌制灌浆料,将原材料吊至墩顶进行人工拌制。

4)安装灌浆模板,并通过调节螺栓使其顶紧梁段底面。为了使模板与梁段接和紧密,模板上口安装5mm厚橡胶皮,以防止在灌浆过程中或灌浆完成后,浆液在存有纵、横坡的情况下从间隙处流失,从而导致灌浆不饱满。从引至梁段顶面的注浆孔口位置注入支座灌浆料,直至观察到锚栓孔顶面的灌浆料不再下沉。在注入的过程中,用小锤轻击模板,确保砂浆到位且饱满。

6.4.21 箱梁安装拼接保证措施

1)墩顶块施工完成后,在桥机主支腿站立后,墩顶托架不得作为主要的承载单元。吊装第2榀墩顶块时,严格控制其纵向位置,严禁梁体碰撞。

2)临时预应力布置应根据截面面积进行严格计算,确保断面压应力不小于0.3MPa。采取5顶同步进行临时张拉锁定。

3)匹配面涂胶应涂刷均匀,采取总量控制+插针检查的方法控制,单面厚度2~3mm,双面1~1.5mm为宜,接缝胶应饱满,不得有空隙(图6-16)。

4)涂抹之前,对待拼装相邻节段断面上进行清灰除尘。

5)胶黏剂的组分配比严格按照产品出厂要求进行配置,且根据不同的工作气候要求进行调整。

图6-16 胶黏剂涂抹密实

6）胶黏剂在涂抹时确保其在有效工作时间范围内，不得使用超过工作时间的胶黏材料。

6.4.22　湿接缝浇筑保证措施

1）湿接缝模板采用竹胶板，箱梁底板和顶板只设置底部模板，箱梁腹板设置内外模板，内模板在内腔室安装，并用对拉螺杆锁定与外模锁紧。混凝土采用起重机或者架桥机天车吊罐浇注，人工配合采用导管依次浇筑箱梁底板、腹板和顶板，混凝土振捣采用插入式振捣器振捣。

图6-17　冬季湿接缝模板包裹

2）冬季施工时，湿接缝混凝土施工应尽量避开雨雪天气，尽可能控制在10:00～17:00之间进行（图6-17）。混凝土入模前，应测定混凝土的温度、坍落度等性能，符合设计或配合比要求方可浇筑，并做好相关的检查记录，保证混凝土的入模温度不低于5℃，现场准备温度计随时对混凝土温度进行量测。混凝土振捣快速，保证混凝土的均匀性和密实性。

3）严格控制拆模时机，严禁大风、寒流等恶劣天气下拆模。并根据施工实际天气情况调整拆模时间，确保混凝土因为拆模过早导致混凝土出现裂缝。冬季拆模后立即用棉被将湿接缝表面覆盖，覆盖做到严实到位，保证拆模后湿接缝混凝土防风保温。

图6-18　智能压浆设备

6.4.23　体外预应力张拉保证措施

1）每处作业工作面应配置至少2套体外索张拉专用设备；胶结临时张拉施工每处工作面至少配置5台（不含5台）以上80t精轧螺纹钢筋油顶，满足临时张拉5顶同步施工要求；横向张拉及体外索其他分级张拉设备每处工作面配置不应少于7套。

2）配置油泵张拉油表必须为防震型，表盘直径不小于150mm，精度不得低于0.4级，最大读数应为张拉力的1.5～2倍。

3）横向压浆采用自能压浆设备（图6-18），并在安徽省质量监督下发合格名录中选用，报监理人批复准入。

4）千斤顶与油压表须经过国家有关质检部门进行配套标定，标定必须经过校验合格后使用。校正期限不得超过三个月,或张拉次数不大于 300 次。油泵配置的 0.4 级油表校核期不得大于 1 个月,油表与油顶配套自校每周 1 次。张拉设备委外校核每月 1 次。

5)体外索按编号进行单根穿索,张拉按 20%、60%、100% 三级进行,同编号索在箱梁两侧对称进行。即在一端全部先张拉 20%,再至另外一侧张拉至 60%,再次至预先张拉端张拉 100%。最后一级张拉持荷 2min。20% 端张拉完成后,在钢筋线与夹片结合部采用自喷漆进行标记,以防止 100% 张拉时漏拉。

6)张拉设备操作,定人定设备,固定人员操作,固化操作工艺(图 6-19)。

a)

b)

图 6-19　现场预应力及伸长量检测

第 7 章　小箱梁制造

7.1　概述

小箱梁(图 7-1)具有受力明确、制造便利的特点,在我国交通工程中运用较广,未来也将继续在交通领域发挥强大的功能。虽然工艺较为成熟,但由于精度管控存在不同程度的不足,在制造中夹杂了不同形式的隐患,是小箱梁在运营中产生大量耐久性问题的本质原因。

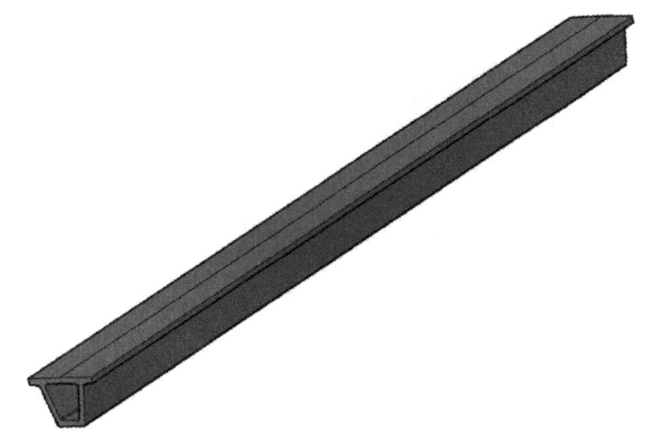

图 7-1　预制小箱梁

重视创新工程的精细控制,以工厂化制造理念重新审视小箱梁的工序流程及控制指标,以建造质量为最终导向,区分指标的控制类别,并在科学合理的研究基础上,对指标进行深化,提升对小箱梁的品控要求,形成标准工序、精度指标以及精度保障技术。

7.2　标准工序

预制箱梁制造工序流程如图 7-2 所示。

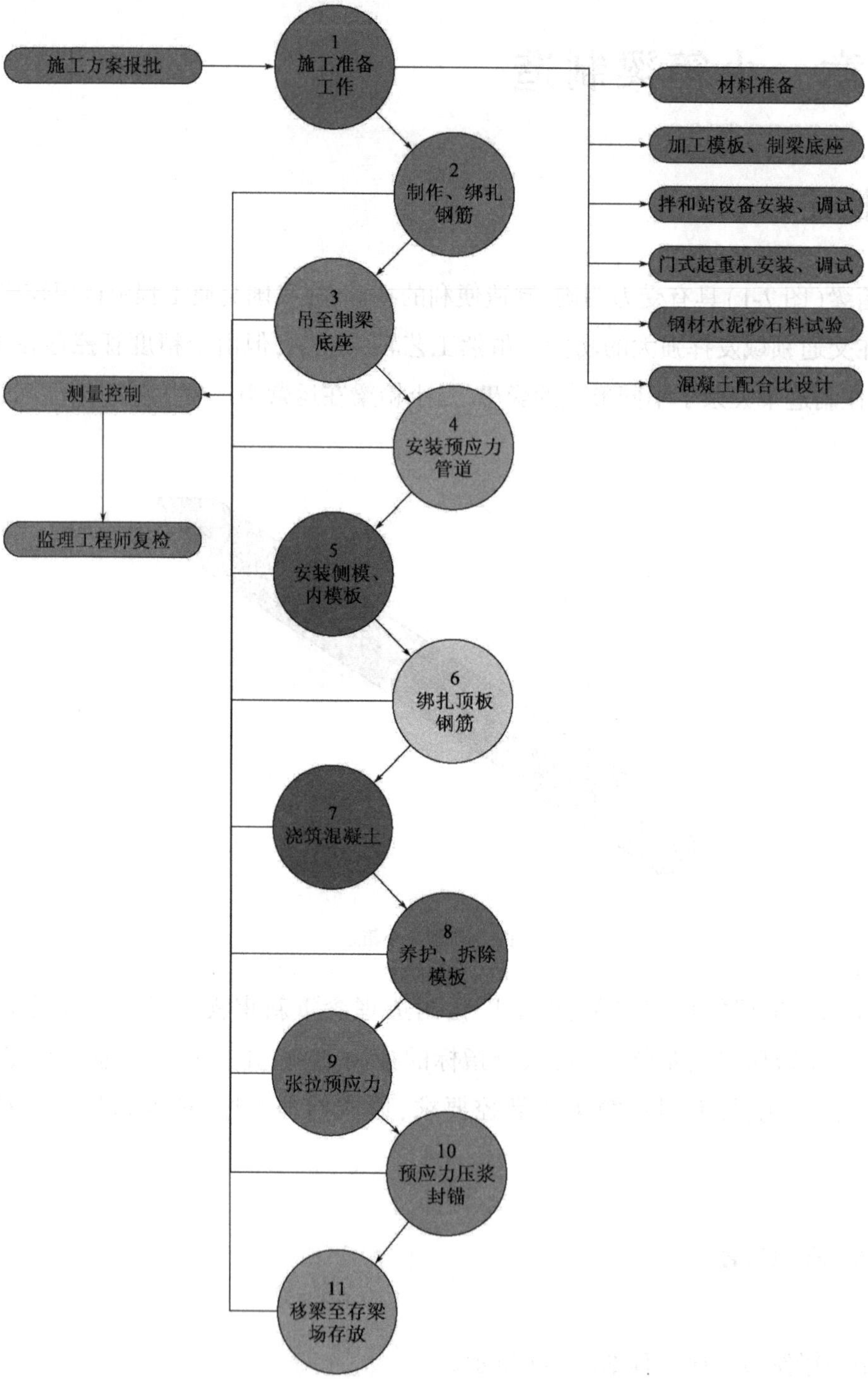

施工方案报批

1 施工准备工作

材料准备

加工模板、制梁底座

拌和站设备安装、调试

门式起重机安装、调试

钢材水泥砂石料试验

混凝土配合比设计

2 制作、绑扎钢筋

3 吊至制梁底座

测量控制

监理工程师复检

4 安装预应力管道

5 安装侧模、内模板

6 绑扎顶板钢筋

7 浇筑混凝土

8 养护、拆除模板

9 张拉预应力

10 预应力压浆封锚

11 移梁至存梁场存放

图 7-2　预制箱梁制造工序流程图

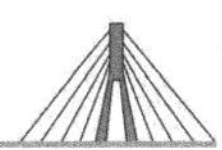

7.3 精度指标

钢模板制作控制精度要求如表7-1所示,模板安装控制精度要求如表7-2所示。

钢模板制作控制精度 表7-1

序号	指标类型	检测项目	控制精度(mm)	相关规范		备注
				规定值或允许偏差(mm)	来源	
1	关键指标	侧模板面板厚度	≥8	—	—	新增指标
2		底模钢板厚度	≥10	—		
3		梳齿板厚度	≥10	—		
4		长高	+0,-1	+0,-1	《公路桥涵施工技术规范》(JTG/T F50—2011)	
		肋高	±5	±5		
5	一般指标	面板端偏斜	≤0.5	0.5		
6		连接配件(螺栓、卡子等)孔中心与板面的间距	±0.3	±0.3		
7		板端中心与板端间距	+0,-0.5	+0,-0.5		
8		沿板长、宽方向的孔	±0.6	±0.6		
9		板面局部不平	1.0	1.0		
10		板面和板侧挠度	±1.0	±1.0		
11		钢模板面板变形	<1.5	1.5		

模板安装控制精度 表7-2

序号	指标类型	检测项目	控制精度(mm)	相关规范	
				规定值或允许偏差(mm)	来源
1	关键指标	箱梁模板高程	±10	±10	《公路桥涵施工技术规范》(JTG/T F50—2011)
2		上部构造的所有构件	+2,0	+5,-0	
3		轴线偏位	±5	10	
4		表面平整度	3	5	
5		相邻两板表面高低差	1	2	
6		预埋件中心位置	3	3	
7		预留孔洞中心线位置	10	10	
8		预留孔洞截面内部尺寸	+10,0	+10,0	

钢筋加工质量控制精度要求如表7-3所示,钢筋骨架加工控制精度质量要求如表7-4所示,预制箱梁钢筋骨架安装质量检验要求如表7-5所示。

钢筋加工的质量控制精度　　表 7-3

序号	指标类型	检测项目	控制精度(mm)	相关规范	
				规定值或允许偏差(mm)	来源
1	关键指标	受力钢筋顺长度方向加工后的全长	±10	±10	《公路桥涵施工技术规范》(JTG/T F50—2011)
2		弯起钢筋各部分尺寸	±10	±20	
3		箍筋、螺旋筋各部分尺寸	±5	±5	

钢筋骨架加工质量控制精度　　表 7-4

序号	指标类型	检测项目	控制精度(mm)	相关规范	
				规定值或允许偏差(mm)	来源
1	关键指标	骨架的宽及高	±5	±5	《公路桥涵施工技术规范》(JTG/T F50—2011)
2		骨架的长	±10	±10	
3		箍筋间距	±10	±10	
4	一般指标	网的长、宽	±10	±10	
5		网眼尺寸	±10	±10	
6		对角线差	5	10	

预制箱梁钢筋骨架安装质量检验要求　　表 7-5

序号	指标类型	检测项目		控制精度	相关规范	
					规定值或允许偏差(mm)	来源
1	关键指标	受力钢筋两排以上排距(mm)		±5	±5	《公路桥涵施工技术规范》(JTG/T F50—2011)
2		同排受力钢筋间距(mm)		±10	±10	
3		箍筋、横向水平钢筋(mm)		±10	±10	
4		弯起钢筋位置(mm)		±20	±20	
5		钢筋骨架尺寸(mm)	长	±10	±10	
			宽、高或直径	±5	±5	
6		保护层	工前合格率	100%合格		
			成品后	90%合格		
			允许偏差(mm)	±5	±5	

后张法预应力管道安装质量控制指标要求如表 7-6 所示，预应力张拉控制指标要求如表 7-7 所示，预应力压浆控制指标要求如表 7-8 所示。

后张法预应力管道安装质量控制指标 表 7-6

序号	指标类型	检测项目		控制精度(mm)	相关规范	
					规定值或允许偏差(mm)	来源
1	一般指标	管道材料(金属)		0.3	0.3	《公路桥涵施工技术规范》(JTG/T F50—2011)
2	关键指标	管道坐标	梁长方向	±30	30	
			梁高方向	±6	10	
3		管道间距	同排	±6	10	
			上下层	±6	10	

预应力张拉控制指标 表 7-7

序号	指标类型	检测项目	控制精度	相关规范	
				规定值或允许偏差	来源
1	关键指标	张拉控制应力	符合设计要求	符合设计要求	《公路桥涵施工技术规范》(JTG/T F50—2011)
2		引伸量误差(mm)	±6	±6	
3		张拉持荷时间(min)	5	5	
4		锚具回缩量(mm)	6	6	
5		张拉强度控制(%)	90		

预应力压浆控制指标 表 7-8

序号	指标类型	检测项目	控制精度	相关规范	
				规定值或允许偏差(mm)	来源
1	关键指标	浆液强度(MPa)	50	符合设计要求	《公路桥涵施工技术规范》(JTG/T F50—2011)
2		压浆控制压力(MPa)	0.7	±6	
3		稳压时间(min)	5	5	
4		浆液流动度(min)	6	6	

箱梁成品项目控制质量指标要求如表 7-9 所示。

箱梁成品项目控制质量指标 表 7-9

序号	指标类型	检测项目		控制精度	相关规范	
					规定值或允许偏差(mm)	来源
1	关键指标	混凝土强度(MPa)		在合格标准内	在合格标准内	《公路桥涵施工技术规范》(JTG/T F50—2011)
2		梁(板)长度(mm)		+5,-10	+5,-10	
3		宽度(mm)	干接缝(梁翼缘、板)	±10	±10	
4			湿接缝(梁翼缘、板)	±20	±20	

续上表

序号	指标类型	检测项目		控制精度	相关规范	
					规定值或允许偏差（mm）	来源
5	关键指标	箱梁（mm）	顶宽	±30	±30	《公路桥涵施工技术规范》（JTG/T F50—2011）
			底宽	±20	±20	
6		高度（mm）	梁、板	±5	±5	
			箱梁	+0，-5	+0，-5	
7		断面尺寸（mm）	顶板厚	—	+5，-0	
			底板厚	+5，-0	+5，-0	
			腹板或梁肋	—	+5，-0	
8		平整度（mm）		5	5	
		横系梁及预埋件位置（mm）		5	5	

7.4 精度保障

7.4.1 模板制造与安装精度质量保证措施

（1）模板的生产厂家严格按照招标文件实行准入围制，由具备资质的厂家统一生产，从源头上控制的模板加工精度。

（2）模板实施出厂“四方验收制”和“入场试拼检查制”，验收合格后的模板方可投入使用。

（3）对验收合格的每一套模板进行试拼，试拼完成后进行统一的编号。“如高端侧1号、中横隔板1号”，防止模板在使用过程中出现拼装错误。

（4）模板使用前由技术人员复核尺寸，并对面板进行抛光和接缝刨平处理，处理完成后采用空气压缩机配合喷洒壶进行喷涂，确保梁板表面光滑，平整。

（5）根据所需生产的梁板结构尺寸提前在制梁台上标画出控制线，模板根据控制线进行安装，有效地控制了模内尺寸，提高了模板的安装精度。

（6）对梳形板、预留孔洞、拼接缝等易漏浆部位均采用枪式聚氨酯泡沫填缝剂，确保模板不漏浆。

7.4.2 钢筋加工与安装指标保障措施

（1）钢筋按照不同钢种，等级、牌号、规格分批验收、分批存放，并立牌标明“已检合格区、待检区、不合格区”以便识别。

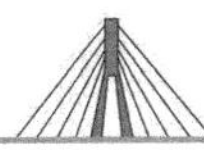

(2)钢筋加工制作统一在场内钢筋加工车间进行加工,钢筋下料由技术人员依据设计图纸编制下料清单,钢筋下料根据下料清单进行配料,下料误差控制在±5mm内,实现指标精细化。

(3)梁板钢筋定尺、调直、切断、弯箍、弯曲等加工均采用智能数控钢筋弯曲中心和数控调直机自动完成,实现了钢筋加工数控化,钢筋尺寸精准化。

(4)钢筋一律采用模块化安装,钢筋在专用的胎架上进行绑扎,胎架依据设计图纸进行加工,并根据钢筋间距设置定位卡槽,保证成型钢筋绑扎间距和排距误差控制在±5mm内,同时也实现了流水作业和标准作业。

(5)钢筋保护层垫块实现准入制,垫块强度与密实性不应低于构件本体混凝土,外观颜色与构件本体混凝土一致。垫块间距控制在500~800mm,每m^2不少于5个。

(6)钢筋骨架在验收合格后,采用门式起重机与钢筋吊架吊装入模,吊装前先对钢筋与台座的相对位置进行确认并画出标记,在吊架上每隔2m,设置一个吊点,防止钢筋骨架在吊装过程中发生变形。

(7)钢筋骨架入模后,由技术人员对钢筋保护层进行检查,确保钢筋保护层工前合格率达到100%,成品钢筋保护层合格率90%。

7.4.3 混凝土施工质量保障措施

(1)原材料实行准入制度,粗集料应采用同一料源,所有材料分仓堆放,不得混堆。

(2)混凝土采用自动混凝土拌和楼集中拌制,拌和设备必须具备自动控制混合料的配合比、水胶比以及自动控制进料和出料,并自动控制混合物的拌和时间。

(3)高性能混凝土拌和由视频监控系统全程监测,并对拌和数据进行自动采集。

(4)梁板混凝土的浇筑采用一次成型工艺,每层混凝土的浇筑厚度控制在30cm内,上下层浇筑时间相隔控制在30min。

(5)混凝土在浇筑过程中进行入模温度及入模坍落度的检测,坍落度控制140~180mm并留置弹模试块留置2组,抗渗试块留置1组,同条件养护试块3组。

(6)梁板混凝土夏季采用喷淋养护,在梁板腹板和内箱上设置喷淋水管,并在外侧腹板上设置土工布围挡,防止水分的迅速蒸发;顶板混凝土采用人工洒水方式,覆盖土工布进行养护。喷淋养护时间间隔45min。

(7)冬季施工中为了保证梁板混凝土强度,在预制场内搭设保温棚并配备电蒸汽锅炉进行养护,施工期间棚内温度控制在15℃以上。

(8)混凝土养护总时间为14d,预制间内养护7d,存梁区域养护7d。

(9)凿毛时须带线,墨线位置距离混凝土边缘2.5cm,确保凿毛后混凝土面顺直整齐。

7.4.4 后张法预应力施工质量保障措施

1)预应力管道安装质量保障措施

(1)预应力管道根据设计图纸制作定位架,并在定位架上设置相应的标记。

(2)波纹管的固定采用$\phi10$的光圆钢筋制作成“U”形定位卡槽与梁板钢筋焊接定位,钢束定位卡槽直线段按间距80cm设置,曲线段按40cm设置,根据施工需要在曲线段还可以适当加密,定位卡槽焊接牢固使得在混凝土浇筑期间管道不产生位移。

(3)为了保证预应力有足够密封性,防止出现预应力管道堵塞现象,波纹管在安装时波纹管内穿比内径小5mm的硬塑胶管,顶板负弯矩波纹管内用钢绞线或$\phi16$圆钢。

(4)安装锚垫板时,压浆孔位置朝上,避免压浆料流入堵塞孔道,压浆管、排气管最小内径为20mm,管道在模板内安装完毕后,将其端部盖好,防止水或其他杂物进入。

2)预应力张拉质量保障措施

(1)梁板张拉均采用智能张拉设备进行张拉,张拉数据由电脑自动采集,避免了人工操作失误的可能性,项目所采用的智能张拉设备必须是参加安徽省质量技术监督局组织的智能张拉考核合格的厂家,执行准入制。

(2)下料长度根据计算确定,并用砂轮切割机进行切割,严禁使用电焊进行切割。

(3)钢绞线下料编束时按各束理顺,每隔1~1.5m用铁丝捆绑,铁丝扣应向里,绑好的钢绞线束,悬挂编号牌。

(4)张拉前张拉所用的千斤顶和压力表由具备标定资质的单位进行标定,并根据标定证书计算出油表读数,张拉前根据标定证书检查油表与千金的相对关系。《预应力理论伸长量计算书》和《张拉预应力油表读数表》在张拉前及时上报,得到批准后方可施工。

(5)张拉时按三级加载过程依次上升油压,分级方式为15%(初应力即计算伸长值的起点)、30%、100%。当控制应力达到终张拉控制应力的15%时,持荷30秒;达到终张拉控制应力的30%时,持荷30秒;达到终张拉控制应力时,持荷5min,张拉结束后同步卸载。

(6)张拉完成后测定预应力钢材的回缩与锚具的变形,经检验确认后方可切除端头多余预应力筋,切割时须采用砂轮锯,严禁使用采用电弧进行切割,切割后的预应力筋外露长度30mm。

3)预应力压浆质量保障措施

(1)预应力施工所用的设备必须为智能压浆系统,设备的生产厂家需通过芜湖二桥批准入围厂家。

(2)预应力筋张拉锚固后,孔道应在48h内完成,避免预应力筋锈蚀。

(3)水泥浆拌和机应采用转速达1300r/min的高速拌和机。

(4)浆体养护缸的搅拌速度不能大于500r/min,且设置不大于3mm的过滤网。

(5)压浆材料采用专用的压浆料,强度不小于50MPa。

(6)压浆时,对曲线孔道和竖向孔道应从最低点的压浆孔压入;对结构或构件中以上下分层设置的孔道,按先下层后上层的顺序进行压浆。同一管道的压浆应连续进行,一次完成。

(7)对水平或曲线孔道,压浆的压力宜为0.7MPa;对超长孔道,最大压力不宜超过1.0MPa;竖向预应力筋孔道压浆的最大压力可控制在0.3~0.4MPa。关闭出浆口后,保持一个不小于0.7MPa的稳压期。该稳定期的保持时间宜为5min。

(8)浆液搅拌完成后,由试验人员利用净浆流动度测定仪对浆液的稠度进行测定。

(9)压浆时留取40mm×40mm×160mm标准压浆料试件三组,要求标准养护28d,进行抗压强度和抗折强度的试验,作为压浆料质量的评定依据。

7.4.5 成品质量保证措施

1)技术人员对每一片箱梁设置标示牌,并填写施工部位、浇筑时间、张拉时间。

2)预制梁、板在吊装前由试验人员进行强度和保护层的测定,符合设计强度的梁、板才允许吊装至存梁区域。

3)箱梁存放时采用垫木隔开,垫木位置为梁头支座位置,多层叠放时上下层垫木处在同一条竖直线上。

4)吊装前由起吊人员对所用的吊具、钢绳进行检查,并安排专人指挥,确保起吊安全。

5)预制梁板出场前,由承包人、监理人及发包人工程师对预制梁的外侧、结构尺寸等质量控制指标进行批量验收,并签发出厂合格证。

第8章 矮塔斜拉桥线形控制

8.1 概述

矮塔斜拉桥兼具连续梁以及斜拉桥的特性，为我国运用较多的混凝土桥型之一。芜湖长江公路二桥在南北两岸跨越大堤的特殊跨径要求中采用了矮塔斜拉桥结构，跨径布置均为60m + 100m + 60m = 220m。主梁为预应力混凝土整体式箱梁，箱梁宽度为34.5m，两侧悬臂均为7m。体外预应力拉索采用与主桥类似的夹持型索鞍。结构整体外形美观，造价经济(图8-1)。

图8-1 带肋大挑臂矮塔斜拉桥

区别于常规矮塔斜拉桥，大悬臂对于施工也提出了巨大的挑战，引起主梁线形的因素较多，主要集中在施工质量管控上，诸如混凝土超方、挂篮变形较大、斜拉索的张拉力不够，预应力张拉力不够、结构刚度误差、临时荷载等。如何施工才能够保障成桥状态与设计状态一致，是设计中无法规避、必须提前予以考虑的问题。通过梳理矮塔斜拉桥线形控制中的主要工序及精度指标，建立矮塔斜拉桥的精度体系。

8.2 标准工序

矮塔斜拉桥线形控制施工工序流程如图8-2所示。

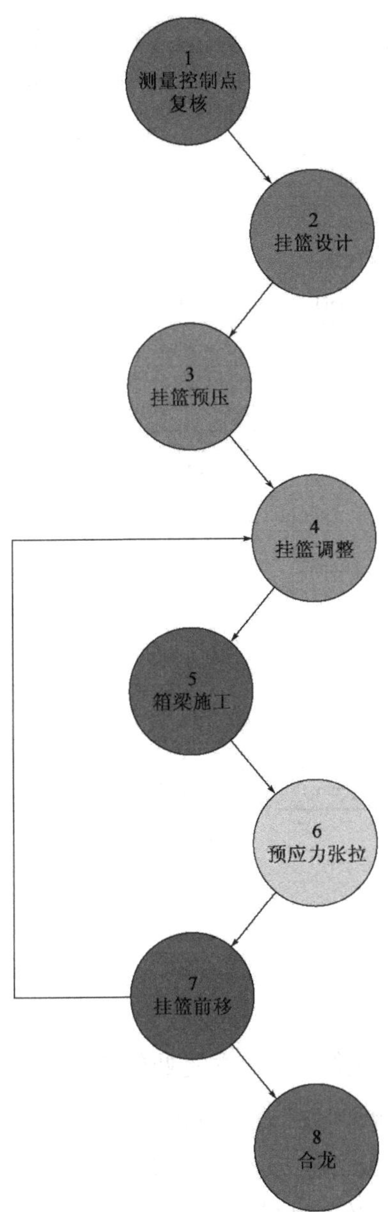

图 8-2　矮塔斜拉桥线形控制施工工序流程图

8.3　精度指标

矮塔斜拉桥线形控制指标要求如表 8-1 所示。

矮塔斜拉桥线形控制指标 表 8-1

序号	指标类型	指标名称	控制精度	相关规范		备注
				规定值或允许偏差	来源	
1	一般指标	断面尺寸高度(mm)	+5，-10	+5，-10	《公路桥涵施工技术规范》(JTG/T F50—2011)	
2		断面尺寸顶板宽度(mm)	±30	±30		
3		断面尺寸底板宽度(mm)	±20	±20		
4		断面尺寸顶板、腹板厚(mm)	+10，-0	+10，-0		
5		节段间底板、翼板错台(mm)	10	—	—	新增指标
6		横坡(mm)	±0.15	±0.15	《公路桥涵施工技术规范》(JTG/T F50—2011)	
7		平整度(mm)	8	8		
8	关键指标	两端允许不平衡重量	≤300kN	不超过设计规定		
9		梁段自重误差	±3%	—	—	新增指标
10		合龙后同跨对称点高程差(mm)	20	20	《公路桥涵施工技术规范》(JTG/T F50—2011)	
11		梁段自重误差	±3%	—	—	新增指标
12		轴线偏位(mm)	10	10	《公路桥涵施工技术规范》(JTG/T F50—2011)	
13		相邻梁段匹配处顶面高差(mm)	+10	10		
14		同跨对称点梁段顶面高差(mm)	±10	20		

8.4 精度保障

8.4.1 拼缝控制措施

矮塔斜拉桥施工时，为减小箱梁节段拼缝处的错台，对挂篮吊带、吊杆用千斤顶进行预紧，进行混凝土浇筑前挂篮的例行检查，防止节段底板、翼板错台；为了减少模板拼缝，对于大面积的混凝土，模板面板拼缝与大模板的拼缝必须与设计的明缝、蝉缝相对应，按结构的构造线形进行模板分块及安排模板拼缝。

8.4.2 平整度控制措施

矮塔斜拉桥施工时，为保证箱梁顶面平整度，模板安装前，表面必须打磨除锈清理干净，及时涂以均匀薄层的模板漆，保证不污染混凝土表面，又能顺利脱模；混凝土收面用刮尺将表面刮平，刮尺两侧紧贴已浇段梁和端头模板顶面，保证混凝土表面与模板顶面齐平，特别是箱梁顶面有预留孔洞的位置，严格控制箱梁的顶面的平整度。

8.4.3　轴线、高程控制措施

矮塔斜拉桥施工时保证对测量控制点应进行有效保护，施工过程中应对控制网进行定期与不定期复测，箱梁施工时应对挂篮立模标高、轴线位置进行精确测量定位，每一悬臂浇筑梁段的立模高程，都是根据该梁段的设计高程及施工预拱度设计值、已施工梁段的实际高程偏差值等多项参数、经过分析识别、修正计算后预设的，在施工过程中发现实际高程与预设高程的偏差超过设计允许值时，应及时调整。测量小组成员全程测量跟踪监控，所有工序完成，混凝土浇筑前设专人再进行一次标高复核，发现问题及时纠正，图8-3为矮塔斜拉桥建成照片。

图8-3　矮塔斜拉桥建成桥面照片

第9章　信息化建造技术

9.1　概述

信息化是指培养、发展以计算机为主的智能化工具为代表的新生产力的过程，一般必须具备信息获取、信息传递、信息处理、信息再生、信息利用的功能。随着信息和通信技术，特别是互联网、物联网技术的迅速发展，各行各业已经开始大范围利用信息技术提高生产效率以及竞争力。建设工程行业在发展过程中逐步暴露出原有管理机制效率较低、信息无法及时有效传递等缺点，建设工程中的数十万份报告以及千万计的数据给管理者也带来了极大的困难。在这种情况下，建筑工程到达了借助信息技术拓展建设技术频宽，提升建设品质的时代关口。

芜湖二桥工程全线建设里程55.512km，项目总概算投资90.4亿元，建造工期四年，桥梁所占线路长度比例高达62.5%，是一个典型的以桥梁工程为主的超大规模建设工程，在建设中既面临传统的工程质量难以抓好的一些难关，一方面需克服传统管控模式的不足，另一方面面临现有建设工程信息技术的成熟度不足的现状，同时也面临二桥大量创新缺乏管控模式带来的挑战，亟需适应工程特点的信息化技术。

为解决以上技术矛盾，芜湖二桥项目制定了信息化及大数据的总体策略，借鉴现有信息技术理念，大力开展科研工作，发展具有二桥特色的信息化管控体系，先后建立了“公路产品验收等级系统”“节段梁预制架设信息交换系统”“大体积混凝土温控系统”“混凝土拌和站监控系统”“安全风险管控系统”“大型机械设备远程监测系统”等服务于质量管理、技术管控、安全管控的信息化模式。

通过将大量的现场数据进行电子化，利用网络平台实现信息快速流转，并通过大数据技术客观反映质量或技术问题，实现了“快捷”“智能”“准确”“精确”“便利”等管控基本要求。信息化及大数据技术带来的另外一个好处是通过挖掘数据深层内涵，为相关指标的发掘、制定提供科学的数据支撑，是推进“技术示范性工程”的关键环节。

通过对系统建造理念、基本功能、架构方式、运作方式、页面设计、应用效果进行汇总形成信息化建造技术，便利信息化理念及技术的推广应用，以多样的形式继续丰富建设工程领域信息化技术。

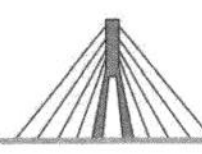

9.2 技术组成

9.2.1 信息化技术的创新策略

信息化技术的创新主要集中在建造质量的信息化管理体系、创新技术的信息化方式建立与建设工程安全管控信息化三个大的方面。

1)建造质量的信息化管理体系

传统的管控模式更偏向于管理人员的个人控制,缺乏精确性以及客观性,随着互联网技术的发展,也有较多的建设工程对信息化技术进行了一些探索,在子项工程中进行实践应用,积累了部分经验。

由于超大规模的建设工程中所涉及的工程类目众多,涉及的管控人员及组织机构层次不齐,全工程全过程的质量管控模式在我国国内尚处于探索阶段,部分研究从顶层进行设计,其中以 BIM 技术为典型,形成全过程的统一信息模式,但由于该系统过于庞大,难以在初始即建立成熟的体系,难以向下进行推广。

在芜湖二桥建设中,亟需一套适应项目工程特点、适应打造品质工程需求的信息化质量管理体系,来面对工程建设中信息化技术不完善的现状,信息化技术的打造存在较大的挑战。

2)创新技术的信息化方式建立

芜湖二桥建造的最大特点之一就是在各项工程中都进行了广泛、深入的技术创新,创新技术在提升工程品质的同时,也带来了新的管控类目与管控要求(详见其他工程精度控制),在控制中必须做到即时、精确、智能,才能最大程度提升生产效率与产品质量。

以节段梁为例,全线预制 2 万多榀,每榀节段信息维度较多,包含线形控制 6 个点在预制、架设阶段的三维坐标、预制时间、预制台座、节段尺寸等,人工在处理海量信息的时候极有可能产生偏差或错误,且几乎无法进行溯源排查。国内其他节段梁项目中曾出现过类似问题,后期处理花费了较多的人工和资源,严重影响了节段梁质量以及控制工期。

对创新技术建立配套的信息化技术,是品质与经济性管控的迫切需求,由于大数据技术在工程的应用尚处于探索阶段,对信息内涵的深入挖掘存在较大的挑战。

3)建设工程安全管控信息化

保障生命与财产安全是建设工程的重点问题之一,是与建造本身并行的另一条关键路线,是工程品质服务的先行基础。由于安全管理本身存在概率性质,在管控中存在较多说不清、道不明的地方，制度可能存在不合理之处，相关规定也可能执行困难。

信息化运用于工程安全管理中面临的最大问题是技术难度。与管控客观事物可度量不同的是，安全本身具有关注时间密度大、所关注的参建人员活动小范围随机的特点，信息量大、时效性极强，技术开发难度大。完成芜湖二桥高安全目标面临巨大的挑战。

9.2.2 信息系统类别组成

目前建设的信息系统紧紧围绕质量管理、技术服务、安全管理三个主题，其中质量管理设置公路产品验收登记系统，服务于全线工程。

技术服务类由服务于节段梁的节段梁预制安装信息交换系统，服务于主桥的大体积混凝土温控系统、斜拉桥施工监控信息交换系统、同向回转鞍座组拼信息交换系统，服务于全线工程的混凝土拌和站动态监控管理系统组成，除部分系统为规划在研状态，其他系统目前运转良好。技术服务中也涵盖质量管理模块，为细部工程质量提供保障。

安全管理由安全风险管控系统、大型机械设备远程监测系统组成，分别服务于全线工程以及节段梁架桥机管理中。

各项系统的建立均适应基本功能需求，质量管理汇总质量检验大数据，技术服务则针对创新技术、管控难点展开，安全管理则分别对基本需求以及重点工程展开，各系统层次清晰、功能丰富，为品质工程建设提供强力的软技术保障。信息化系统架构组成如图 9-1 所示。

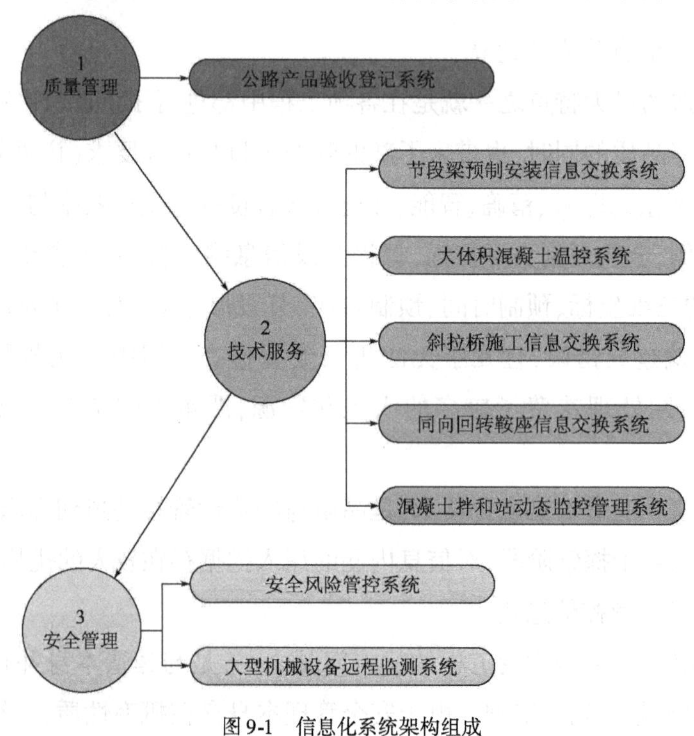

图 9-1 信息化系统架构组成

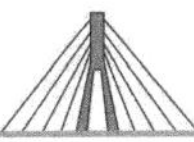

9.3　平台研发

9.3.1　公路产品信息系统

项目开发网上公路产品验收登记系统，是为了解决产品信息不及时、不透明、分析困难的问题而产生的，通过将桥梁工程视为具体产品，以模块化的理念建立数据库，将各结构物精细化的施工考评结果（结构尺寸、保护层合格率等关键指标）限时登记，通过系统自动汇总、分析，为质量管控即时提供纠偏建议。系统功能主要如下：

1）产品信息录入

具有友好的产品信息录入界面，便于各单位将产品检验信息录入系统，嵌入时间节点逻辑判断保障数据录入的及时性。

2）产品质量分析

根据录入的信息，即时对产品质量进行分析，分析引入大数据技术，涵盖产品的合格率、变异性等各个方面，为品控提供全面数据支撑。

3）产品质量反馈

以数据分析结果为依据，即时向参建各方反馈数据分析结果以及相关品控结论，并提出处置或者整改的意见。

4）整改效果评估

跟踪整改结果，进行数据的细化分析，交叉对比同批次其他产品，评估整改效果，最大化实现质量提升效果。

系统嵌入建设方确定好的工作流程，按照既定工作流程运转执行。系统架构、工作界面分别如图9-2、图9-3所示。

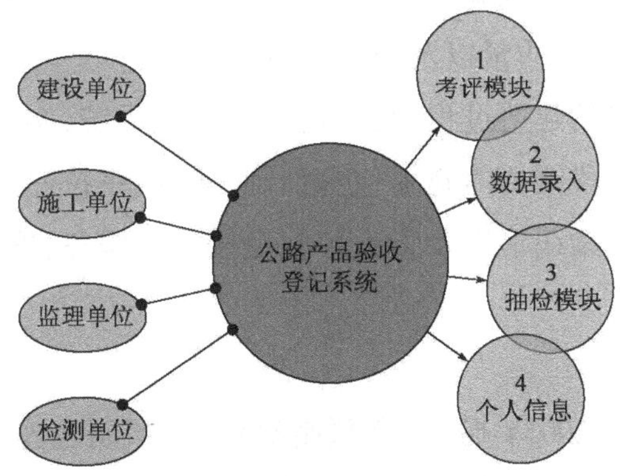

图9-2　系统架构

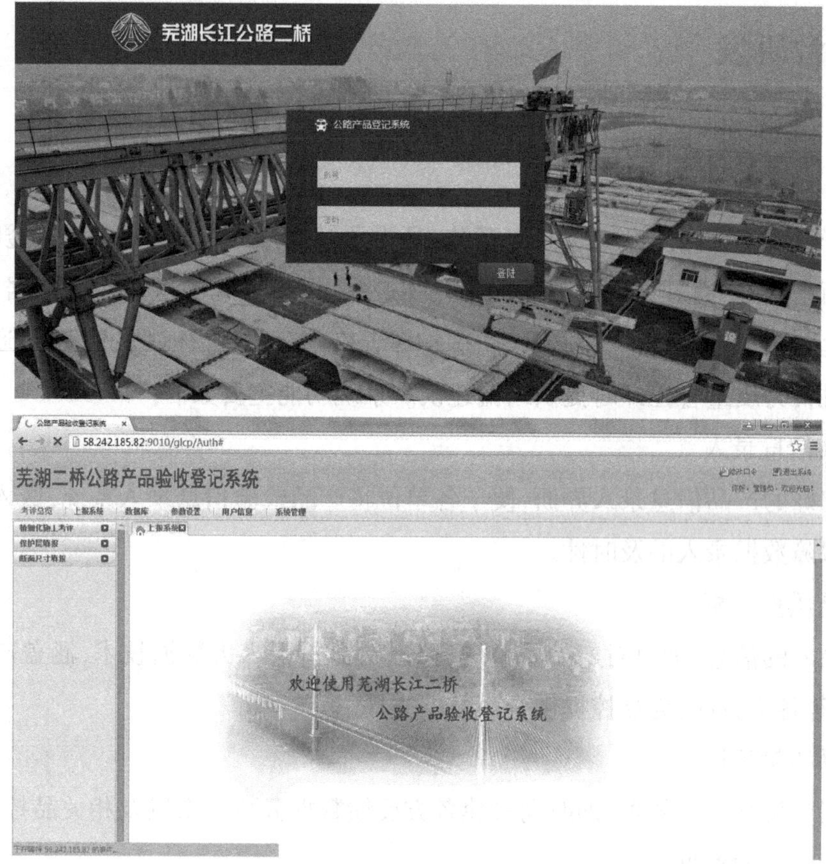

图 9-3　工作界面

9.3.2　节段梁信息系统

节段梁信息维度较多，包含线形控制 6 个点在预制、架设阶段的三维坐标、预制时间、预制台座、节段尺寸等，人工在处理海量信息的时候极有可能产生偏差或错误，且几乎无法进行溯源排查。国内其他节段梁项目中曾出现过类似问题，后期处理花费了较多的人工和资源，严重影响了节段梁质量以及控制工期。

将信息化引入节段梁的建造过程中，通过开发网络系统，实现数据流转快、质量精细可控的目的。全体外束节段梁桥的施工包含预制、架设、张拉三道重要工序，节段梁信息系统开发为重点关注的桥梁线形以及索力控制提供技术服务，确保最终成桥满足设计要求。系统功能详述如下：

1）节段预制线形控制

节段梁全线共需预制 20034 榀，具有预制榀数多、预制台座多、周转流程快等特点。系统通过录入设计线形信息、位型测量信息，通过云端服务器对线形偏差进行精确分析，

即时提供下一榀节段的线形修正控制坐标,保障线形平顺。

2)节段架设线形控制

节段梁全线共需架设1652孔,具有桥机形式多、架设孔跨多、架设周期短等特点。系统通过录入实际拼装信息,综合考虑工艺精度,通过云端服务器进行线形优化,提供架设控制坐标,保障架设线形精准。

3)节段张拉控制

节段梁全线共需张拉钢绞线33.3155万根,具有张拉工序多、交叉作业多、数据验证难等特点。系统通过录入张拉力、引伸量、张拉时间、张拉批次、索力检测等信息,分析工艺精度,结合架设龄期提供合理的张拉方式以及张拉控制应力。

4)产能与龄期控制

节段梁预制和架设为并行两条线,其中架设速度快,预制产能可能存在跟不上的情况,或者存在龄期不足影响永存应力的情况。系统中涵盖产能分析以及龄期反馈的模块,为各单位进行产能调整提供技术支撑。

5)各台座预制质量评估

将预制线形质量评估精确到台座,对各台座预制质量进行逐月分析,并汇总变化趋势,定位问题台座,评估预制稳定性,为各单位进行预制整改、工艺优化提供技术支撑。

6)各桥机架设质量评估

将架设线形质量评估精确到桥机,对各桥机架设质量进行逐月分析,并汇总变化趋势,定位问题桥机,评估架设稳定性,为各单位进行架设整改、工艺优化提供技术支撑。

7)测量误差评估

对各节段的测试数据进行交叉对比,一方面可以迅速排查较大的测量偏差,避免错误线形产生,另一方面可以通过逐月分析,定位测量误差变化趋势,便于各单位进行内部自查,以提高测量质量,保障预制与架设过程的顺利。

系统嵌入建设方确定好的工作流程,按照既定工作流程运转执行。系统架构、工作界面分别如图9-4、图9-5所示。

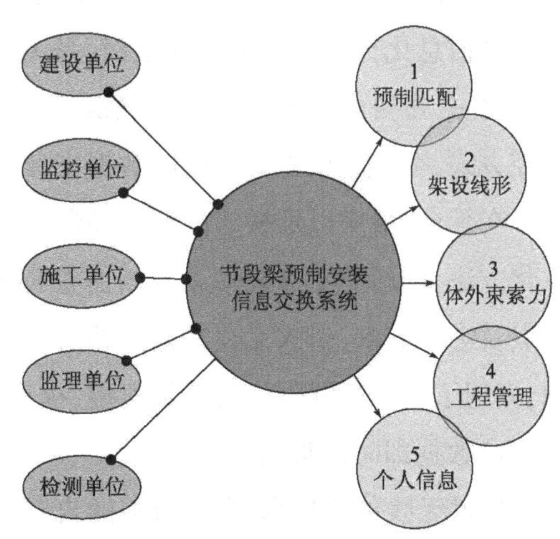

图9-4　系统架构

图 9-5　工作界面

9.3.3　大体积混凝土信息系统

大体积混凝土的温度控制是一个实时过程,以往由于信息化手段的缺失,数据采集与分析环节脱节,尤其是在夜间或者遇到突发寒流的时候,措施制定有很大的滞后性,是较多工程无法达到预期品控效果的主要原因。

将信息化技术引入到温控里面,是芜湖二桥建造过程中经过深思熟虑所作出的关键策略之一,主要由于承台与塔柱浇筑经历完整的冬季,开裂风险较大,而桥塔引入创新的温控方式,客观上也需要精密的数据支撑。

在承台、塔座以及桥塔的温度控制中,信息化是品质工程的软需求,而建立体系的信息化方法,创新的支撑技术以及新的管理模式都是信息化的硬件支撑。根据温度控制的特点及进步需求,引入无线传输的即时监测技术,建立即时分析、即时共享、各方参与的机制,实现了大体积混凝土的精细温控,提升了芜湖二桥建造品质。系统功能主要包括:

1)数据即时采集与分析

通过无线传输技术,实现数据的自动定时采集,将数据存储至数据库,并引入算法进行即时分析,分析内部温度及环境温度变化趋势。

2)数据即时共享

将关键数据以及分析结论通过网络平台的方式即时发布,便于参建各方即时查验。

3)即时预警信息

根据制定的预警阈值,在出发条件件时,会向参建各方即时发送预警信息,并给出温控措施调控建议。

4)措施效能即时评估反馈

在收到参建各方的温控调整措施后,进行加强观测,评估措施效能,并即时反馈效能分析,为工序调控提供后续指导,确保指标可控。

芜湖二桥大体积混凝土温度控制采取软件与硬件双创新的方式。系统架构、工作界面分别如图 9-6、图 9-7 所示。

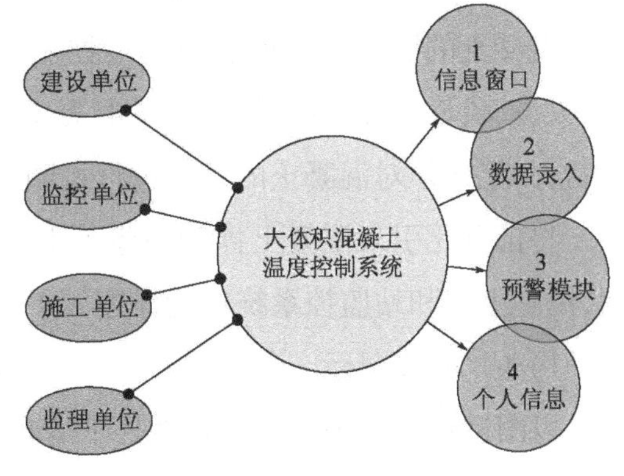

图 9-6　系统架构

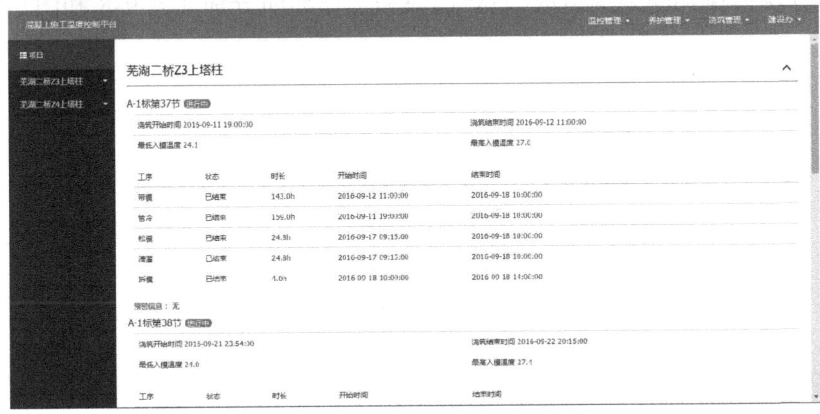

图 9-7　工作界面

9.3.4 混凝土拌和站信息系统

芜湖二桥工程使用混凝土方量多达 110 万 m^3,混凝土制造量大,拌和站根据承包单位不同而分散在全线各处,若按照传统的人控方法,则需要浪费大量的人力物力,且不能完全保障客观性,面临质量难管控难度大的挑战。

混凝土的制造是工程建造质量控制的源头,由施工中的不规范引发的各种开裂、孔洞、夹渣、疏松情况,则严重影响了混凝土的耐久性能以及美观性。芜湖二桥以品质工程为目标,就必须对混凝土的源头进行控制。

将信息化引入混凝土拌和质量控制中,通过开发网络系统,实现质量的全面精细控制,混凝土拌和站监控系统功能详述如下:

1)生产状态显示

以图标形式显示拌和站是否处于运转状态,便利管理单位进行现场质量、资料跟踪。

2)生产数据监控

对每隔拌和站生产的混凝土进行电子化记录,包括运用部位、强度等级、出料时间、方量、误差、配合比以及拌制过程中的报警与处理情况等。

3)短信报警

通过系统内置的分析模块,对错误情况进行识别,并由系统发送短信给监管、施工各方,便利整改。

4)统计分析

以严密逻辑统计各标段各拌和站的产能、材料用量、质量控制等情况,便利下一步的质量管控。

系统由分块模块共同架构组成,主要模块和工作界面分别如图 9-8 和图 9-9 所示。

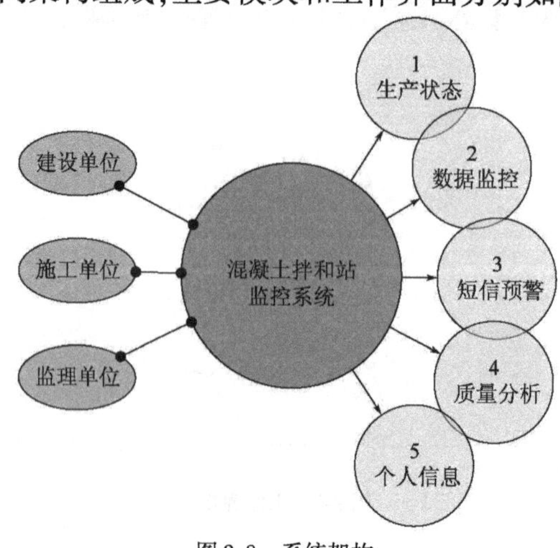

图 9-8 系统架构

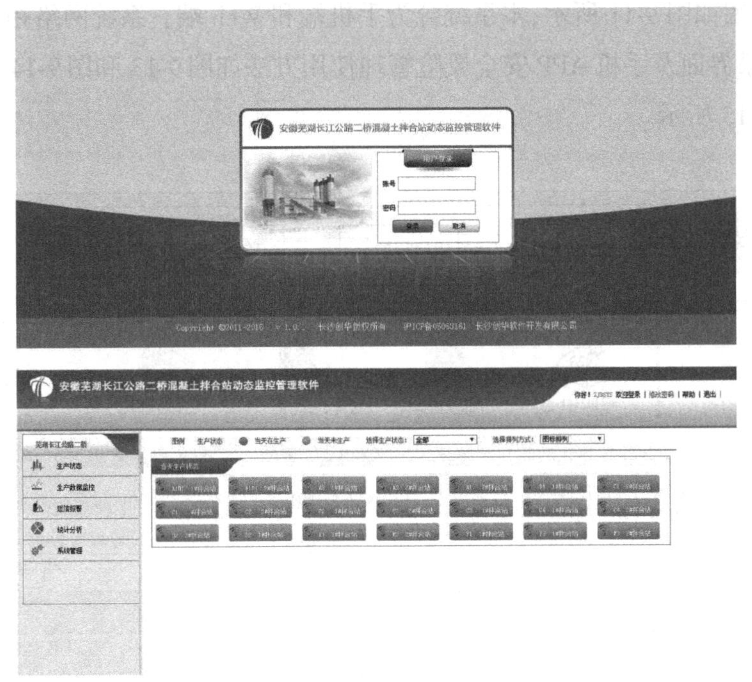

图9-9　工作界面

9.3.5　安全风险管控信息系统

本系统围绕施工现场安全管理,实现了隐患事件管理、施工工点动态监管、相关人员位置考勤、安全监测设备预警和日常相关管理功能,为相关人员提供了风险管控信息化工具,进一步提高了风险处理和防范能力。

本系统涉及的用户角色有:项目部安全员、项目部安全部长、项目部安全副经理、监理单位、总监办、项目办。本系统分为手机端和 WEB 端。

手机端有 Android 和 IOS 两个版本,实现了现场隐患事件上报、事件处理、事件查询、工点更新、消息接收、位置考勤功能如图9-10所示;WEB 端实现了事件处理、工点管理、考勤管理、设备监控、内业管理和日常管理功能。

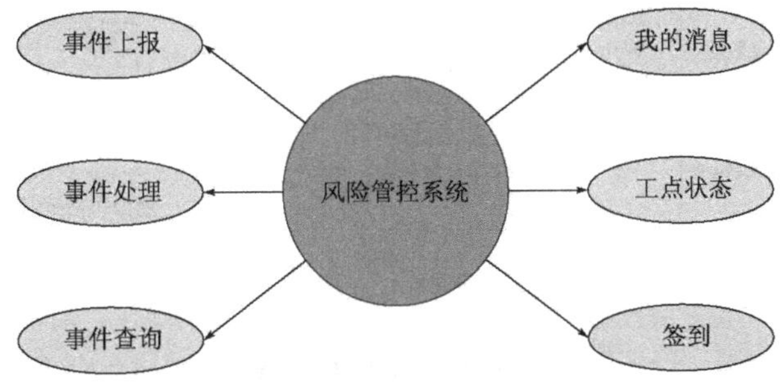

图9-10　施工安全管理 APP 系统功能结构图

系统架构图如图 9-11 所示，本系统分为手机端和 Web 端。系统网络拓扑图如图 9-12 所示，手机登录界面及手机 APP 安全风险管理使用方法如图 9-13 和图 9-14 所示。Web 系统界面如图 9-15 所示。

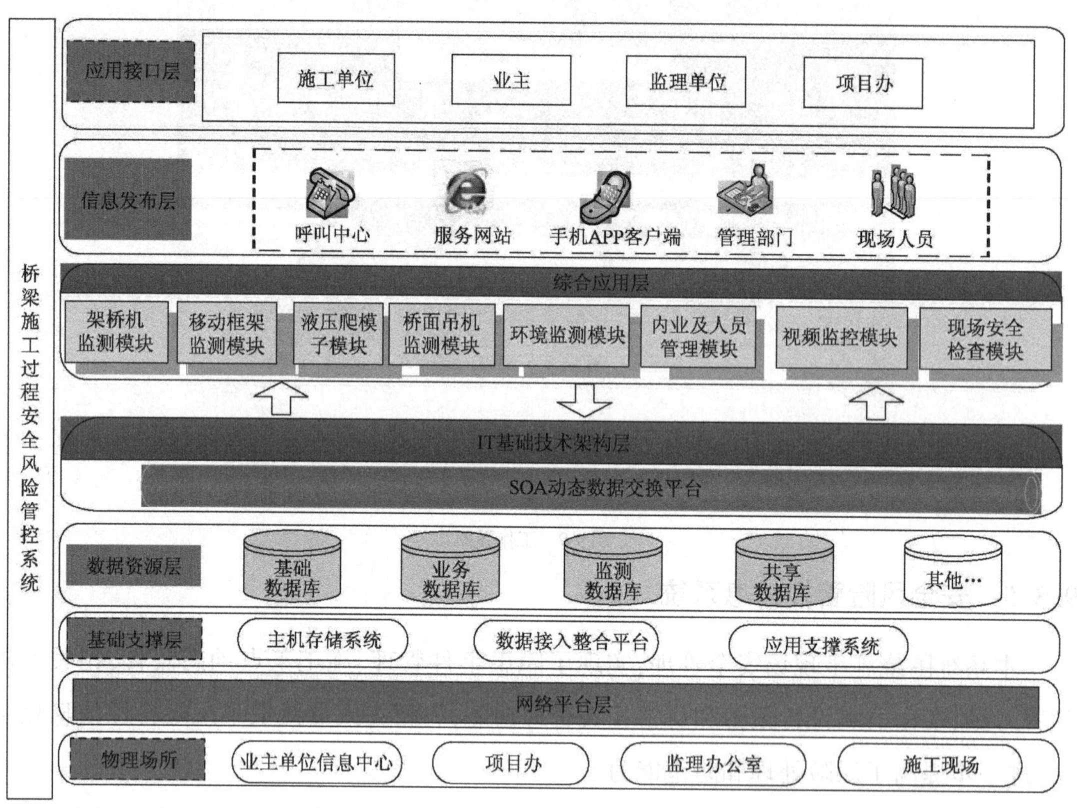

图 9-11　系统架构图

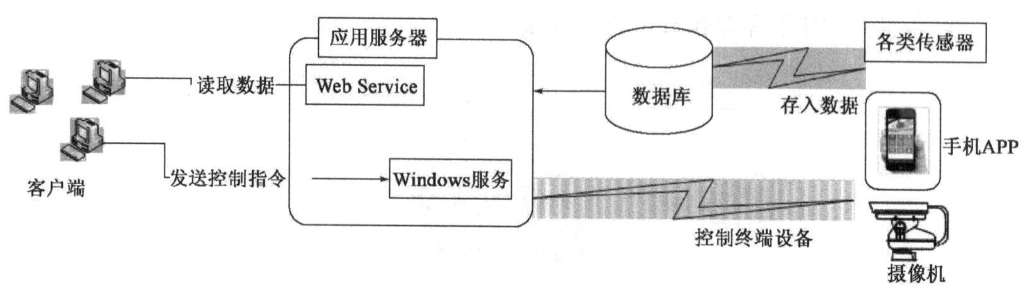

图 9-12　系统网络拓扑图

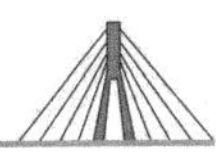

图 9-13 手机 APP 登录界面

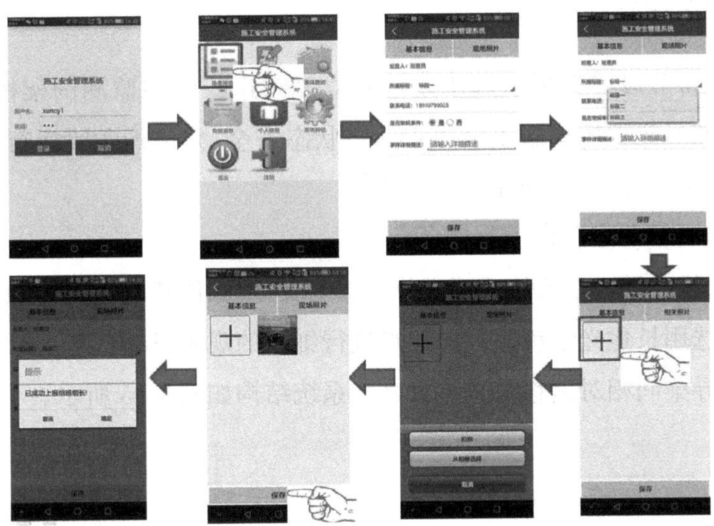

图 9-14 手机 APP 安全风险管理使用方法

图 9-15

芜湖长江公路二桥施工现场安全风险管控系统

序号	上报人	上报时间	危险等级	状态	事件描述	操作
1		2016-03-15 15:44:05	一般事件	待安全员处置	钢筋加工区安全检查时，发现开关箱门未及时关闭	删除 详细信息
2		2016-03-15 15:39:11	一般事件	完成	配电箱无门，零到在桥面。	删除 详细信息
3		2016-03-15 15:21:27	一般事件	待安全员处置	3号提升站违规使用插座	删除 详细信息
4		2016-03-15 14:57:53	一般事件	待安全部长处理	一闸多控	删除 详细信息
5		2016-03-15 11:27:19	一般事件	完成	桥面配电箱接线不规范	删除 详细信息
6		2016-03-15 08:50:40	一般事件	待安全员处置	现场有闲杂人员进入	删除 详细信息
7		2016-03-14 16:11:22	一般事件	待安全员处置	乙炔瓶倒放使用	删除 详细信息
8		2016-03-14 12:02:20	一般事件	完成	张拉作业人员未佩戴安全带作业	删除 详细信息
9		2016-03-14 11:58:22	一般事件	完成	1号提升站桥面一配电箱pe线未接。	删除 详细信息
10		2016-03-14 11:58:00	一般事件	待安全员处置	钢筋加工场数控弯箍机电机防护罩已经安装	删除 详细信息
11		2016-03-14 11:54:33	一般事件	待安全员处置	钢筋加工场数控弯箍机电机无防护罩	删除 详细信息
12		2016-03-14 10:06:43	一般事件	完成	现场文明施工较差，靠近便道侧杂物未清理，部分临边防护钢丝网缺失。	删除 详细信息

图 9-15　Web 系统

9.3.6　大型设备远程监控系统

针对芜湖二桥节段梁架桥机施工工法建立基于运行姿态监测的架桥机安全管控系统，确保上行式双导梁架桥机施工全过程运行状态安全，并进行危险运行状态预警，提高大型临时设备施工期安全度，确保安全生产。

1）导梁间相对偏移量测量

导梁间相对偏移量测量系统采用高分辨率 CCD 图像传感器进行图像采集，对导梁标记点进行观测，选用长焦光学镜头对标记点进行细致的观测，结合激光测距仪所测出的距离信息，计算出导梁间相对偏移量具体尺寸。系统结构如图 9-16 所示。

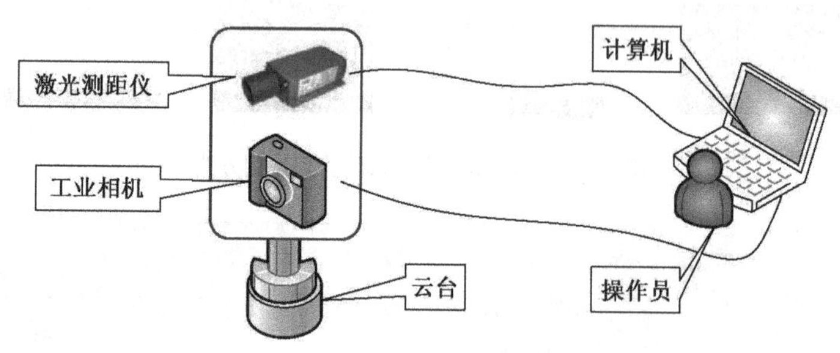

图 9-16　系统结构

整个仪器系统放置在一个云台上进行操作。操作时，首先通过调节云台，使相机对准要测量的部位，然后通过调节相机和镜头参数，使得在计算机屏幕上可以最清楚地观察到被测部位的图像，进行拍摄。

对于导梁间相对偏移量的测量：两导梁间距为 5m，相机固定于其中一导梁上，在另一个导梁的相同位置设置标记点，使导梁处于初始位置时，通过相机光学镜头，将标记点成像到 CCD 相机的中心位置，经过图像处理算法计算出标记点与投射点（激光测距仪打在

导梁上的红色斑点)在图像传感器上所成的像线段的长度,再通过成像公式计算,即可得出偏移量的具体尺寸。

偏移量检测系统的检测精度与系统中光学系统、图像传感器有关。当被测目标在图像传感器上成像后,只有当像的大小超过 1 个像素时,系统才可以分辨出来,所以根据像素尺寸的大小,反推出可分辨的最小目标尺寸。成像分辨率示意图如图 9-17 所示。

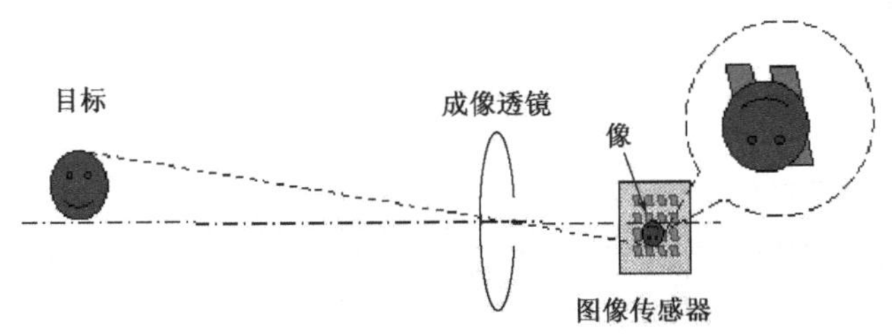

图 9-17 成像分辨率示意图

考虑到实际测量现场光照条件的变化,利用尼康闪光灯 SB910 进行补光。为了补偿测量时测量倾角对测量精度的影响,增加了角度传感器 DWQTH 来进行角度测量,为软件处理提供数据。系统组成如图 9-18 所示。

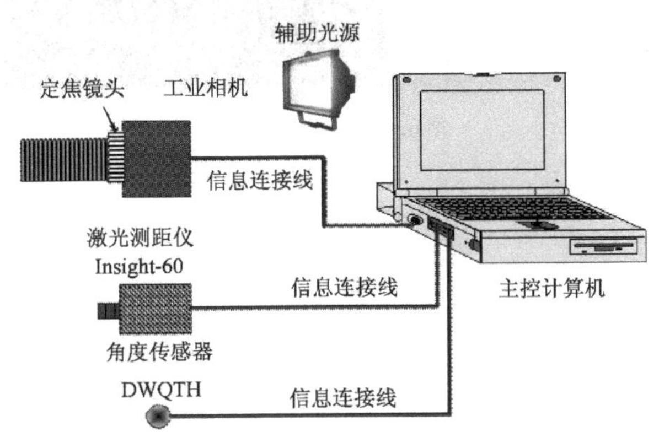

图 9-18 系统组成图

2)偏移量测量

测量原理:在前支腿顶端布置倾角传感器,测量前支腿的倾角,设为 a,前支腿的长度为 L,则前支腿顶端的偏移量为 $L \cdot \sin a$。将采集到的数据通过嵌入式处理与加工后,输入到无线发送器设备中。接着通过无线发送器将其发送出去,由近端无线接收器接收。近端无线接收器可以持续接收信息并将信息存储在服务器端,另外手机终端 APP 也可以接收到数据并作出必要的报警信息。硬件系统组成及动态监控如图 9-19 和图 9-20 所示。

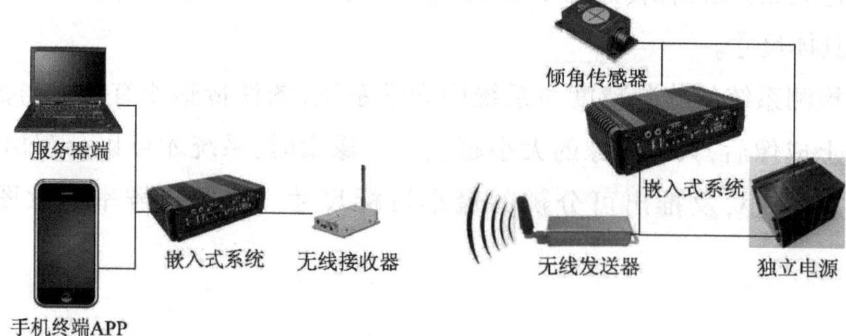

图 9-19　系统硬件组成

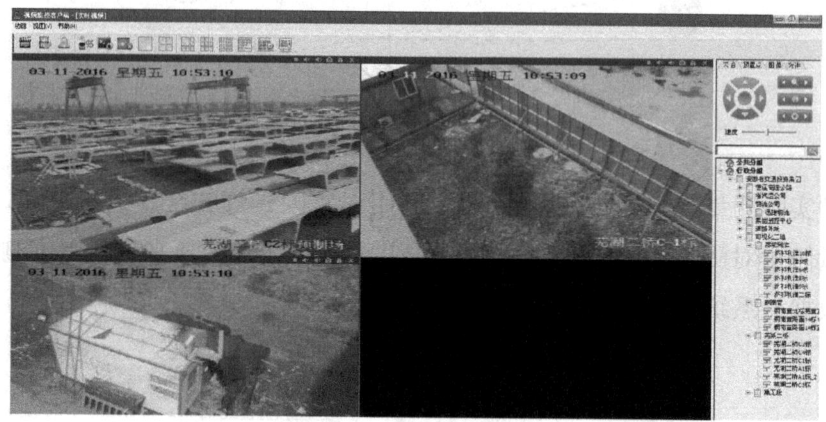

图 9-20　动态监控页面

参考文献

[1] 中华人民共和国行业标准.公路桥涵施工技术规范:JTG F50—2011[S].北京:人民交通出版社,2011.

[2] 中华人民共和国行业标准.公路工程质量评定标准　第一册　土建工程:JTG F80/1—2017[S].北京:人民交通出版社,2018.

[3] 中华人民共和国行业标准.钢筋混凝土用钢　第1部分:热轧光圆钢筋:GB 1499.1—2017[S].北京:中国标准出版社,2017.

[4] 中华人民共和国行业标准.钢筋混凝土用钢　第2部分:热轧带肋钢筋:GB 1499.2—2018[S].北京:中国标准出版社,2018.

[5] 中华人民共和国行业标准.钢筋焊接及验收规程:JGJ 18—2012[S].北京:中国标准出版社,2012.

[6] 中华人民共和国行业标准.公路桥梁板式橡胶支座:JT/T 4—2004[S].北京:人民交通出版社,2004.

[7] 中华人民共和国行业标准.公路桥梁盆式支座:JT/T 391—2009[S].北京:人民交通出版社,2009.

[8] 中华人民共和国行业标准.预应力混凝土用金属波纹管:JG 225—2007[S].北京:中国标准出版社,2008.

[9] Kathy, Riggs, Larsen. High-performance spray-applied waterproofing protects concrete and steel[J]. Materials performance, 2015.

[10] 巫茂寅,王起才,张凯,董阳涛,王小龙.矿物掺合料对高性能混凝土抗渗性及抗冻性的影响研究[J].公路,2016,61(09):239-242.

[11] 史英豪,杜红秀,杨军,吴佳,阎蕊珍.桥梁高性能混凝土CT切片微观结构分析[J].混凝土,2015(10):26-28.

[12] 赵志艳.大跨转体连续梁高性能混凝土施工技术[J].施工技术,2015,44(S1):462-464.

[13] 中华人民共和国行业标准.普通混凝土拌合物性能试验方法标准:GB/T 50080—2016[S].北京:中国建筑工业出版社,2016.

[14] 中华人民共和国行业标准.普通混凝土长期性能和耐久性能试验方法标准:GB/T 50082—2009[S].北京:中国建筑工业出版社,2009.

[15] 中华人民共和国行业标准.普通混凝土力学性能试验方法标准:GB/T 50081—2002[S].北京:中国建筑工业出版社,2003.

[16] 中华人民共和国行业标准.混凝土强度检验评定标准:GB/T 50107—2010[S].北京:中国建筑工业出版社,2010.

[17] 中华人民共和国行业标准.建设用砂:GB/T 14684—2011[S].北京:中国标准出版社,2012.

[18] 中华人民共和国行业标准.建设用卵石、碎石:GB/T 14685—2011[S].北京:中国标准出版社,2012.

[19] 中华人民共和国行业标准.混凝土外加剂:GB/T 8076—2008[S].北京:中国标准出版社,2009.

[20] 中华人民共和国行业标准.混凝土外加剂应用技术规范:GB 50119—2013[S].北京:中国建筑工业出版社,2014.

[21] 中华人民共和国行业标准.大体积混凝土施工标准:GB 50496—2018[S].北京:中国计划出版社,2018.

[22] 中华人民共和国行业标准.水运工程大体积混凝土温度裂缝控制技术规程:JTS 202—1—2010[S].北京:人民交通出版社,2010.

[23] 宋军,石雪飞,阮欣.混凝土桥塔早龄期时变对流影响分析及主动控制[J].桥梁建设,2018,48(03):23-28.

[24] 熊文,尤吉,房涛,叶见曙,易岳林.风环境对大体积混凝土桥塔施工水化热的影响分析[J].东南大学学报(自然科学版),2015,45(05):941-946.

[25] 刘晋艳,胡国伟.百米H型索塔防开裂控制技术研究[J].铁道工程学报,2017,34(01):60-66.

[26] 刘文欣,王明强,谢镇.针对火焰数控切割机的CAD/CAM系统研制[J].机械,2003(01):65-67+69.

[27] 石雪飞,刘志权,胡可,周子杰.全体外预应力节段预制拼装连续梁桥承载能力足尺模型试验[J].中国公路学报,2018,31(12):163-173.

[28] 王红卫,谢勇,周洪涛,丁烈云."互联网+"工程建造平台模式[M].北京:科学出版社,2018